HEYNE
BUSINESS

W0180533

Gerhard Bungert

# Einfach
# gut
# *schreiben!*

Texte für Werbung, Korrespondenz
und Öffentlichkeitsarbeit

* Planung
* Struktur
* Dramaturgie
* Stilkunde

## WILHELM HEYNE VERLAG
## MÜNCHEN

HEYNE KOMPAKTWISSEN
22/377

Das Buch erschien in der Originalausgabe
bei Orell Füssli unter dem Titel *Weiter im Text.*

*Umwelthinweis:*
Dieses Buch wurde auf chlor- und säurefreiem
Papier gedruckt.

Ungekürzte Taschenbuchausgabe
im Wilhelm Heyne Verlag GmbH & Co. KG, München
Copyright © 1992 by Orell Füssli Verlag, Zürich
Printed in Germany 1997
Umschlaggestaltung: Atelier Ingrid Schütz, München
Technische Betreuung: M. Spinola
Satz: Schaber Datentechnik, Wels
Druck und Verarbeitung: Ebner Ulm

ISBN 3-453-13213-0

# INHALT

**1. Kapitel: Schreiben kann man lernen** .................... 7

Auch aus Erfahrung wird man klug ........................ 9
»Schreibe« und »Spreche« ................................. 10
Wir reden zuviel – wir schreiben zuwenig .................... 12
Reden ist Silber, Schreiben ist Gold ........................ 14
Schreiben als Handwerk ................................... 17
Papier ist geduldig, Kunden sind es nicht ................... 19
*Lösungsvorschläge* ....................................... 23

**2. Kapitel: Planung muß sein** ........................... 28

Das Ende der Digitaluhren ................................. 30
Die »klassischen« Phasen der Textbearbeitung .............. 31
Kritik und Planung ....................................... 35
So arbeiten Sie mit einem Textstudio ....................... 38
Ein Beispiel aus der Arbeit eines Textstudios ................ 49
*Lösungsvorschläge* ....................................... 50

**3. Kapitel: Textdramaturgie** ............................. 56

Kennen Sie den? .......................................... 59
Was noch alles drin ist ................................... 62
Zurück zur Sprache ....................................... 64
Wodurch entsteht die Pointe? ............................. 70
Spannung muß sein ....................................... 72
Der rote Faden ........................................... 75
Der wichtigste Trick der Autoren ......................... 77
*Lösungsvorschläge* ....................................... 84

**4. Kapitel: Kleine Stilkunde** ............................. 104

Kommunizieren mit Stil ................................... 106
Die acht Todsünden beim Texten .......................... 107
Die weiblichen Formen ................................... 116
*Lösungsvorschläge* ....................................... 119

**5. Kapitel: Moderne Korrespondenz** ........................ 132

Ein unüblicher Brief ......................................... 134
Die einzelnen Punkte ....................................... 135
Üben, üben, üben ........................................... 140
Die Korrespondenzmappe .................................. 142
Texthandbuch für die Basiskorrespondenz .................. 144
*Lösungsvorschläge* .......................................... 162

**6. Kapitel: Texten in der Werbung** ........................ 168

Die »Verkäufer-Oper« AIDA .............................. 171
Das Märchen vom Marketing .............................. 172
Kein Bild sagt mehr als tausend Worte ...................... 174
Der Werbeslogan ........................................... 178
Texten für Mailings ......................................... 179
*Lösungsvorschläge* .......................................... 182

**7. Kapitel: Schreiben fürs Telefon** ........................ 187

Es gilt das gesprochene Wort ............................... 188
Wir markieren Texte ........................................ 190
Aufbau eines Telefonskripts ................................ 193
Zum Beispiel Gebäudereinigung ............................ 195
*Lösungsvorschläge* .......................................... 199

**8. Kapitel: Schreiben für Werbung, Presse und
Öffentlichkeit** ........................................ 204

Sprache und Public Promotion ............................. 204
Deduktiv und systematischer ............................... 205
Umgang mit Medien ....................................... 208
Was man hat – was man haben sollte ....................... 216
Wer gibt noch etwas aus? .................................. 217
*Lösungsvorschläge* .......................................... 220

# 1
# SCHREIBEN KANN MAN LERNEN

*Es ist wie bei allen kreativen Tätigkeiten: Eine gewisse Begabung muß man mitbringen, aber den Rest darf man lernen. Wieder stellt sich einmal die alte Frage: Was prägt uns stärker, die Anlagen oder die Umwelt? – Mit dieser Alternative beschäftigen sich Anthropologen und Entwicklungspsychologen, Boulevard-Blätter und auch Schüler, die neidvoll auf die tollen Noten ihres faulen Banknachbarn schauen. Die einen haben es wohl mit der Muttermilch eingesogen, bei den anderen scheint Hopfen und Malz verloren.*

*Wenn es so einfach wäre, dann könnten wir auf Schulen verzichten. Aber kein ernstzunehmender Politiker oder Wissenschaftler käme jemals auf die Idee, Ausbildung und Weiterbildung zu den Akten zu legen und dabei auf die »natürliche Begabung« zu verweisen.*

- *Begabung braucht man ja auch für die Musik, und dennoch gibt es Musikhochschulen.*
- *Begabung braucht man ja auch für die Malerei, und dennoch gibt es Kunsthochschulen.*
- *Begabung braucht man ja auch für den Sport, und dennoch gibt es Sporthochschulen.*

*Wer die Welt verändern will, zitiert Karl Marx mit dessen Behauptung, der Mensch sei ein Produkt seiner Umwelt, und wer alles beim alten belassen möchte, der verweist auf die Genforschung, also auf die Anlagen.*

*Es gibt sicher Veranlagungen, die es dem einen oder anderen erleichtern, schreiben zu lernen. Aber seit Jahren mache ich in ganz unterschiedlichen Bereichen die Erfahrung, daß man mit einigen Tricks und Kniffen einen Text viel besser schreiben kann.*

# Auch aus Erfahrung wird man klug

Einer meiner ersten Aufträge für eine Lokalzeitung zwang mich zum Beispiel dazu, mit wörtlicher Rede zu arbeiten. Es war im Sommer 1976, an einem sehr heißen Augustsonntag. Alle Figuren, die sonst die Zeilen des Lokalteils füllen, waren ausgeflogen. »Saure-Gurken-Zeit«, stöhnte der Leiter der Lokalredaktion, und er schaute traurig auf einen weißen Fleck in seiner Layoutskizze, denn es fehlten ihm noch sage und schreibe 160 Zeilen. Plötzlich ein Anruf: In der Turnhalle soundso ist heute irgendein Treffen von einem Verein.

Da ich – zu Unrecht – in dem Ruf stand, mich im örtlichen Vereinsleben auszukennen, klingelte das Telefon nicht bei meinen schwitzenden Kollegen, sondern bei mir. Ich fuhr raus, und keine zehn Minuten später stand ich in einer Halle, in der die Feuchtigkeit an etwa einhundert Menschen beiderlei Geschlechts klebte. Sonst nichts. Kein Rednerpult, keine Musikkapelle, kein Transparent – nichts! Ich stellte mich als Pressevertreter bei einer Dame vor, die volle Biergläser wie Statussymbole durch die Halle trug, und fragte nach dem Vorsitzenden. »Das is der Wilhelm«, und sie schaute auf einen Herrn fortgeschrittenen Alters, der gerade mit dem Handrücken über den Mund fuhr und genüßlich »Aaah« sagte. »Das ist mein Experte«, dachte ich, aber trotz allen journalistischen Geschicks konnte ich dem Vorsitzenden keine zeilenträchtige Information entlocken. Der Verein würde sich öfter hier treffen – wegen der Geselligkeit. Eine Rede würde niemand halten, es gebe auch keinen konkreten Anlaß. Einfach nur so … Wie gesagt: wegen der Geselligkeit.

Lokalreporter rechnen alles um in Zeilen. Was kann ich daraus machen? In der Redaktion anrufen und sagen: »Das geht nicht!« – Unmöglich! – Ich war Student und mußte »Zeilen machen«. – Das war leichter gedacht als getan. – Nach zwei Bier kam mir eine ganz simple Idee: Ich suchte mir das älteste Vereinsmitglied aus, und der Mann erzählte von früher.

Nach dem Leitsatz: »Wenn nichts mehr hilft, dann irgend etwas schreiben über Tiere, Kinder oder alte Leute, die von früher erzählen.« – Und der Mann erzählte von den Anfängen, der schlimmen Kriegszeit und der fast genau so schlimmen Nachkriegszeit. Er redete von der Aufbauarbeit und den Problemen, die sich immer wieder stellten, hatte abwechselnd Verständnis und dann wieder kein Verständnis für die damalige »heutige Jugend«, und schließlich fiel ihm sogar noch eine Anekdote ein: irgend etwas mit Alkohol und Bürgermeister. Ich zitierte, was das Zeug hielt – Satzfetzen, Mundartausdrücke, Beispiele – immer in wörtlicher Rede. Ab und zu unterbrochen durch ein »sagte er« oder durch atmosphärische Schilderungen und zeitgeschichtliche Fakten. Dabei vergaß ich auch nicht, darauf hinzuweisen, wie schön es sein kann, wenn sich Menschen ganz einfach »nur so« treffen.

Alle waren mit dem Ergebnis zufrieden: Der Leiter der Lokalredaktion hatte seine 160 Zeilen, der Verein stand in der Zeitung, und ich hatte etwas gelernt – man kann über alles schreiben. Ob kurz oder lang, ob gut oder schlecht, das liegt ausschließlich am Schreiber. Und – wörtliche Rede ist sicher ein wichtiges Mittel, um einen Text farbiger zu machen.

## »Schreibe« und »Spreche«

Drei Jahre später rief mich ein Rundfunksprecher an. Er war außer sich. Eine Textvorlage von mir war ganz einfach schlecht. Der Inhalt war okay, auch kein schlechtes Deutsch, sondern – wie er es damals ausdrückte – »Papier«. Er sagte es wie ein Tenor, der bei einer Premierenfeier mit einer faulen Auster konfrontiert wird. Igitt! Das sei keine »Spreche«, das sei »Schreibe«. Mein Fehler: Ich hatte den Zeitungsstil ins Hörfunkstudio getragen – mit äußerst geringem Erfolg, wie mir der Sprecher lautstark und gut artikuliert erklärte. In der Folgezeit lernte ich, daß Rundfunkhörer nicht zurückblättern und auch nicht das Tempo der Sätze bestimmen können. Die Sätze müssen KVA sein – kurz, verständlich und ansprechend.

Nicht:

**»Es ist Ihnen sicher schon einmal aufgefallen, daß Rundfunksprecher, mögen sie noch so qualifiziert sein oder nicht, sich stets um einen mündlichen Stil bemühen.«**

Sondern:

**»Sicher ist es Ihnen schon mal aufgefallen: Rundfunksprecher reden in einem mündlichen Stil. Ob sie nun qualifiziert sind oder nicht. Sie bemühen sich wenigstens ...«**

Und genau das ist der Unterschied zwischen »Schreibe« und »Spreche«. Interessant in diesem Zusammenhang – die Etymologie. Sie ist eine sehr erfahrene und auch mitteilsame Psychologin. Die Wortherkunft verrät uns einiges. So benutzen wir zum Beispiel das Wort »ansprechend« in einem sehr positiven Sinn: Die neue Altstadt ist ansprechend, die Dame, die aus der Boutique kommt, und der Sprachstil des Kommentators. – Wir sagen »ansprechend« und nicht »anschreibend«. – Sprache muß ansprechen, und das gilt auch für das geschriebene Wort. Manchen mag das nicht gefallen. Sie verweisen auf Thomas Mann, der als einer der wenigen deutschen Schriftsteller lange Sätze bauen konnte, und auf befreundete Studienräte, die sich in Schriftdeutsch artikulieren, sich also »gestelzt« ausdrücken. So etwas gibt es, aber mit solchen Leuten möchte ich nicht in Urlaub fahren ...
Vor allem in Filmtexten sollte man auf Schriftdeutsch verzichten. Da gibt es noch immer unnötige Verdoppelungen, und manche Realisatoren trauen uns einen Intelligenzquotienten zu, der noch nicht einmal einem Schimpansen zur Ehre gereicht. Die Kamera zeigt uns den Eiffelturm, und der Reporter meint:

>**Der Eiffelturm, in Paris an der Seine, inmitten der französischen Hauptstadt, muß in den nächsten Jahren renoviert werden, weil er Rost angesetzt hat.**«

Beim Film gilt: Was das Bild zeigen kann, braucht das Wort nicht zu leisten. Also weglassen! Der Filmtext könnte etwa so lauten:

>**In den nächsten Jahren muß er renoviert werden, denn er hat Rost angesetzt.**«

Einige Sekunden später kann man dann – in einem anderen Zusammenhang – wie beiläufig den Namen »Eiffelturm« fallen lassen. Das genügt. Der Satz ist kürzer und verständlicher, und er langweilt uns nicht mit unnötigen Informationen. Wir wissen es schließlich aus der Schule und aus zahlreichen Quizsendungen, daß der Eiffelturm nicht in Wanne-Eickel steht, daß die französische Hauptstadt nicht Chlochemerle, sondern Paris heißt und der zugehörige Fluß nicht Mosel, sondern Seine. Schlimm ist es, wenn man als Realisator all dies beachtet, aber dann haut irgendein Banause das Insert »Paris« auf den Schirm, während man den Eiffelturm sieht. Vorher »erklärt« die Ansagerin, daß das Wahrzeichen in Paris steht, in der französischen Hauptstadt an der Seine … Jeder Realisator kennt das. Da nutzt kein Fluchen, Schimpfen und Drohen. Auch längere Waldspaziergänge haben in solchen Situationen noch nie geholfen. Gesendet ist gesendet. Versprochen ist versprochen.

## Wir reden zuviel – wir schreiben zuwenig

Aber aus Schaden kann man klug werden, meint der Volksmund, und er liefert den Medienkünstlern noch eine weitere Erfahrung: In der Kürze liegt die Würze. Damit plädiert er nicht dafür, Tolstois »Krieg und Frieden« in eine Kurzgeschichte umzuschreiben. Er will, daß wir uns so kurz wie möglich fassen und »auf den Punkt kommen«, also auch pointieren. Aber wer kann das schon? Überall reden Menschen um den heißen Brei herum: in Parlamenten und in Fachgeschäften. Es heißt nicht mehr: »Wir sind dagegen«, sondern: »Nach Abwägung aller Faktoren kamen wir zu der Erkenntnis, daß wir unter Berücksichtigung der These, wonach …« Und so weiter, und so fort. Schrecklich! – Es heißt nicht: »Wieviel kostet die Vase?«, sondern: »Sagen Sie mal, Sie haben da so eine wunderschöne Vase. Die gefällt mir ausgezeichnet. Ich hatte mal eine Großcousine, die hatte auch so eine, nicht genau so, aber so ähnlich, allerdings war sie nicht billig, die Vase, nicht Helma. So hieß meine Großcousine …«

Kein Wunder, wenn solche Leute nicht wissen, wie sie ihre Gedanken aufs Papier bringen können. Für sie ist Schreiben ganz einfach Streß. Sie können sich nicht vorstellen, daß es einem Journalisten oder Schriftsteller Spaß macht, seine Ideen, Gedanken und Phantasien aufzuschreiben, um sie anderen mitzuteilen. Selbst der DUDEN »Briefe gut und richtig schreiben!« beginnt mit dem verräterischen Satz: »Obwohl das Telefon in unserem Leben eine bedeutende Rolle spielt, gibt es doch zahlreiche Situationen, in denen wir gezwungen sind zu schreiben.« – So sehen es viele: Schreiben = Zwang.

Nach fast jeder Lesung fragt mich jemand, wie ich denn das so mache, das Schreiben. Ganz gleich, was ich dann sage, die Antwort heißt immer: »Das könnte ich nicht, mich einfach so hinsetzen und schreiben …« Manchmal fällt sogar der Satz: »Das muß doch schrecklich sein.«

Die Schullehrer haben es mal wieder geschafft – mit ihren Axiomen:

»Ein Satz fängt nicht mit ›und‹ oder ›denn‹ an.«
»Ein Satz ohne Verb ist kein vollständiger Satz.«
»Du kannst doch nicht schreiben, wie du sprichst.«

Kein Autor hält sich an diesen Unsinn, und bei fast allen Literatur-Nobelpreisträgern sind diese Lehrer-Tabus wichtige Stilmittel.

Zum Glück sehen das mittlerweile jüngere Germanisten und

Pädagogen etwas anders. Viele, manche, einige … – Das Ergebnis der pädagogischen Sprachdisziplinierung: Viele Menschen haben Angst vorm Schreiben, aber überall wird geredet und geredet. In unvorstellbaren Mengen.

Stoppen Sie doch mal, wie lange Sie brauchen, um eine Seite laut zu lesen. Vielleicht drei Minuten. Bei zweihundert Seiten sind das sechshundert Minuten, also zehn Stunden. Und die kommen leicht zusammen: Frühstücks-Small-Talk über die Schule, zwei Sitzungen im Büro, ein paar Telefonate, Arbeitsessen, Kundengespräche … und abends in der Kneipe beim Dämmerschoppen, dann beim Abendessen und danach im Vereinsvorstand … Und dann ist das Buch voll. An einem einzigen Tag. So viel wie wir an einem einzigen Tag reden, schreiben die wenigsten Menschen in ihrem ganzen Leben.

## Reden ist Silber, Schreiben ist Gold

Langsam wird das viele Gequatsche zu einem wirtschaftlichen Faktor: In nicht wenigen Büros drücken sich Mitarbeiter vor der Arbeit, indem sie über die Arbeit reden und ihren »sozialen Lärm« als Arbeit ausgeben. Wie viele unnötige Sitzungen gibt es? – Wie viele endlose Telefongespräche kreisen um Banalitäten? – Und wenn irgendwo Probleme auftauchen, dann heißt es sofort: »darüber reden«. Das scheint ein Allheilmittel zu sein – für Psychologen, Sozialarbeiter und alternative Lebenskünstler. Dabei ist die Sprache dazu da, Inhalte zu transportieren – und nicht, um die Mitmenschen so lange zu nerven, bis sie unter Druck nachgeben.

Nach dem Motto: »Du hast recht, und ich habe meine Ruhe.« Und erst in unseren Parlamenten! – Sie heißen ja bereits so. Allerdings hat das, was man da so von sich gibt, nur sehr selten etwas mit »geschliffenem Parlieren« zu tun, eher mit dem »Ausfüllen akustischer Löcher durch sozialen Lärm«. Ein Tip für alle, die in einem kreativen Job mit Teamarbeit konfrontiert sind: Wenn Sie das viele Reden nervt, dann fordern Sie doch Ihre Mitmenschen auf, alles einmal aufzuschreiben. Zum Beispiel bei einem Brainstorming. Warum soll man denn nicht einmal ein Brainwriting veranstalten? – Jeder bringt seine Ideen zu Papier, eine kleine Gruppe wählt aus, danach vergeben alle Punkte, und dann erst heißt es: Jetzt darf diskutiert werden. Durch eine solche Methode spart man Zeit und Nerven, und die Ergebnisse sind sicher nicht schlechter.

Sehr schlechte Vorbilder für den Umgang mit der Sprache sind unsere Politiker. Die »Allparteien-Koalition der sprachgewandten Volksvertreter« schafft es immer wieder, mit einer Quantität an Worten die fehlende Qualität der Aussagen zu verdecken. Steigen wir doch einmal ein – mit einer richtigen Politikerrede.

## ÜBUNG 1
(Lösungsvorschläge finden Sie am Ende des Kapitels.)

Eindruck schinden mit Worthülsen. Das ist leicht. Probieren Sie es doch mal! Schreiben Sie in jedes der neun Kästchen eine beliebige einstellige Zahl.

**Die**

| | | |
|---|---|---|
| | | |

**bedingt letztlich die**

| | | |
|---|---|---|
| | | |

**wobei man allerdings auch die**

| | | |
|---|---|---|
| | | |

**berücksichtigen sollte.**

Ersetzen Sie bitte die Zahlen durch die dazugehörigen Begriffe aus der Imponiertabelle von Philip Broughton auf der nächsten Seite.

| 0. konzentrierte | 0. Führungs- | 0. -struktur |
| 1. integrierte | 1. Organisations- | 1. -flexibilität |
| 2. permanente | 2. Identifikations- | 2. -ebene |
| 3. systematisierte | 3. Drittgenerations- | 3. -tendenz |
| 4. progressive | 4. Koalitions- | 4. -programmierung |
| 5. funktionelle | 5. Fluktuations- | 5. -konzeption |
| 6. orientierte | 6. Übergangs- | 6. -phase |
| 7. synchrone | 7. Wachstums- | 7. -potenz |
| 8. qualifizierte | 8. Aktions- | 8. -problematik |
| 9. ambivalente | 9. Interpretations- | 9. -kontingenz |

Weil wir gerade dabei sind: Die Lehrer haben ihr Fett bekommen, die Politiker, und jetzt sind die Profis dran. Das folgende Zitat haben wir in der Süddeutschen Zeitung gefunden:

## ÜBUNG 2

Bitte schreiben Sie das Zitat so um, daß man versteht, worum es überhaupt geht.

»Am Ostufer des Mittleren Rings, Abschnitt Richard-Strauß-Straße, unweit von der eher improvisierten Verkehrsdrehscheibe des Effnerplatzes, erheben sich gestellartig aufgestützt oder abgehängt, je nachdem, ob sich die silbrig glänzenden Geschosse oberhalb oder unterhalb des mächtig zutage tretenden, die Pylonen zwingenartig zusammenfassenden, auf halber Höhe sich abzeichnenden Installationsgeschosses befinden, die drei im Grundriß dreieckig-prismatischen Türme.«

Man sollte es kaum glauben, aber Schwafeln ist noch immer erfolgreich, vor allem in Verbindung mit Dummheit und guten Manieren. Ich gestehe, daß ich mich schon selbst derartiger Floskeln bedient habe – aus Zynismus und Selbstverteidigung. Ausgangspunkt war ein Interview. Eine Reporterin fragte mich einmal, was ich mit meinem neuen Buch eigentlich wolle. Die ehrliche Antwort hätte gelautet:

»Das Thema halte ich für wichtig. Es hat mich interessiert. Außerdem hat mir die Arbeit Spaß gemacht. Den Leuten macht es hoffentlich auch Spaß. Und ich verdiene mit Schreiben mein Geld.«

So etwas darf man aber in Deutschland nicht sagen. Also formulierte ich:

»Wissen Sie, ich wollte Denkanstöße geben und Kommunikationsstrukturen transparent machen.«

Die junge Dame verstand meine Ironie nicht. Sie nickte verständnisvoll und fragte nach meinen weiteren Plänen. Seit dieser Zeit habe ich diesen Satz immer parat, wenn es mal gebildet klingen soll.

## Schreiben als Handwerk

Auch unsere Universitäten leisten keinen Beitrag für eine klare und ansprechende Sprache. Da werden richtige und wichtige Gedanken in einen unnötig komplizierten Satz gefaßt.

### ÜBUNG 3

Vergleichen Sie bitte einmal die beiden folgenden Sätze. Was fällt Ihnen auf? Wo liegen die Unterschiede?

»Die Neigung zu umständlicher Ausdrucksweise und zu Weitschweifigkeit scheint weiter verbreitet zu sein als die Fähigkeit zu Prägnanz und Kürze.«

Stimmt ja, aber das könnte man auch anders schreiben. Zum Beispiel so:

»Vieles kann man prägnant und kurz sagen. Aber wir neigen dazu, uns umständlich und weitschweifig auszudrücken.«

Oft sind es die scheinbar einfachen Dinge, die uns Probleme machen. Zum Beispiel ein Lebenslauf. Wir lösen das Problem, indem wir ihn »tabellarisch« gestalten. Das geht. Man kann ihn aber auch in einem fortlaufenden Text schreiben. Allerdings ist das nicht so einfach.

## ÜBUNG 4

Bitte schreiben Sie diesen Lebenslauf in einem fortlaufenden Text.

### Der Lebenslauf

- **Fred Feuerstein, geb. 31. 3. 1970 in Rosenheim**
- **Abitur 1990**
- **Zivildienst August 1990 – Februar 1992 im Krankenhaus Neu-Bethlehem in Göttingen**
- **Studium der Betriebswirtschaft an der Universität des Saarlandes Oktober 1992 – April 1994**
- **Juni 1994 Gärtnerlehre**
- **Juni 1997 Gesellenprüfung**
- **September 1997 Heirat mit Wilma Schmidt**
- **Januar 1998 Geburt des Sohnes Janosch**
- **August 1998 Meisterprüfung**

Es scheint gar nicht so einfach zu sein, die Gedanken locker und verständlich aufzuschreiben. Immer wieder schleichen sich Schwächen und Fehler ein. Auch dieses Buch ist sicher nicht frei davon. Wer genau sucht, findet sicher einige Zitate für den »Hohlspiegel«. Aber das ist nicht allzu schlimm. Wichtig ist eine ehrliche und verstehbare Sprache, die nicht auf Stelzen daherkommt. Vor allem in der Wirtschaft sind gestelzte Formulierungen fehl am Platze. Da geht es um Fakten und Ziele, um Produkte und Dienstleistungen, um Zahlen und Geld. Vor allein aber um die Kunden, denn ohne sie läuft überhaupt nichts. Sie müssen wir ansprechend ansprechen, und deshalb sollte die Sprache eines Unternehmens mindestens so ansprechend sein wie seine Produkte und Dienstleistungen.

Das wissen die Manager und Ausbildungsleiter. Also schaffen sie sich für die Vorzimmer sogenannte Briefsteller an. Nach diesen Musterbriefen bieten sie an, fragen sie nach und mahnen sie – im Stil der fünfziger Jahre.

Ich habe mir einige solche Briefsteller angeschaut und drei Beispiele ausgewählt:

## ÜBUNG 5

Bitte schreiben Sie die folgenden Zitate in eine verständliche Sprache um:

**1.**

**Die bisher von mir ausgeübte Tätigkeit als Nachwuchssekretärin sowie die recht zahlreichen Kurse in Englisch und Stenographie sind nach meiner Auffassung eine gute Ausgangsbasis zur Übernahme der von Ihnen in der Münsterschen Zeitung am 25. 11. 97 ausgeschriebenen Stelle als Sekretärin für Ihren Abteilungsleiter Verkauf-Ausland.**

**2.**

**Leider habe ich auf meine beiden Schreiben vom 30. 5. und 4. 6. 97, in denen ich Sie um die Begleichung der schon längst fälligen Rechnung vom 30. 1. 97 in Höhe von DM 980,– ersuchte, weder Zahlung noch Antwort erhalten.**

**3.**

**Wir danken Ihnen für Ihre oben genannte Anfrage vom 15. 3. und freuen uns, daß Sie einen Teil Ihres diesjährigen Urlaubs in unserem schönen Badeort verbringen wollen und daß Ihnen unser Haus empfohlen worden ist.**

»Die deutsche Wirtschaft verliert mehr Zeit durch schlechte und unnötige Briefe als durch Streiks.« Davon ist mein Freund Bertram Sauder fest überzeugt, und als Geschäftsführer, Diplom-Soziologe und Gebäudereinigungsmeister ist es ihm längst klar, daß auch die Kommunikation ein Handwerk ist. Also auch das Schreiben und Texten. Daß sich daraus kunsthandwerkliche Fertigkeiten entwickeln können, das versteht sich von selbst. Zuerst muß man sie aber von der Pike auf beherrschen. Und verändern. Die Fähigkeit zur Kommunikation heißt auch: offen sein für Neues.

## Papier ist geduldig, Kunden sind es nicht

Schätzen Sie mal: Wieviel investiert ein Betrieb jährlich in seine Sprache? Sie haben richtig gelesen: nicht in Maschinen, nicht in PCs und auch nicht in ein neues Logo. Nein! – In die geschriebene Sprache.

Wir wissen es auch nicht. Aber wir vermuten, daß dieses Investment äußerst bescheiden ist. Das Ergebnis ist bekannt: Da flattern Briefe mit schicken und durchdachten Signets auf die Schreibtische, die DIN-Regeln sind eingehalten, aber die Sprache erinnert an ein preußisches Landgericht: »Beiliegend senden wir Ihnen zu Ihrer gepflegten Kenntnisnahme durch den Linksunterzeichneten ...«

Als man CI (Corporate Identity = Einheitlichkeit der Firma) erfand – da war die Sprache in Urlaub. Und das hatte Folgen. Mittlerweile haben wir eine absurde Situation: Die Textverarbeitung entwickelt sich rasant weiter, aber die Deutschlehrer, die Juristen und die Handelsschule prägen weiterhin die Textgestaltung. Was aber nützt das modernste Textverarbeitungssystem, wenn die Sprache reif ist für das Deutsche Museum?

## ÜBUNG 6

Vergleichen Sie bitte beide Fassungen. Was fällt Ihnen auf? Wo liegen die Unterschiede?

»**Der erste Eindruck des Unternehmens ist durchaus positiv, was u. a. auf die sprachliche Gestaltung des gesamten Schriftverkehrs zurückzuführen ist, der bei den Kunden gut ankommt.**«

»**Ein Unternehmen stellt sich vor – mit jedem Brief. Seine Sprache ist seine Visitenkarte: klar, originell und persönlich.**«

Und so etwas lernt man durch ständiges Training. Für die Fußballer und die Tennisasse ist das eine Binsenweisheit. Sie wissen es längst. Es genügt eben nicht, wenn man sich irgendwann einmal fit gemacht hat und dann voller Stolz im Clubheim erzählt: »Ich bin fit, ich habe vor vier Jahren trainiert.« Was für den Sport gilt, das gilt auch für die Kommunikation:

Erfahrung ist nicht alles. Man muß sie auch hinterfragen und unterfüttern, man muß sie selbstkritisch beleuchten und weiterentwickeln. Die Welt um uns herum bleibt ja nicht stehen; die Mitbewerber schlafen auch nicht, und immer neue ausgeschlafene Frauen und Männer verbuchen Erfolge.

Die »Investition in die Köpfe« ist notwendiger denn je – nicht nur im fachlichen Bereich. Ständig haben wir mit Menschen zu tun. Wir reden, telefonieren und schreiben; wir akquirieren, behandeln Reklamationen und motivieren. Das alles haben wir einmal gelernt, aber jetzt leben wir von unseren Erfahrungen. Sie sind äußerst wertvoll. Keine Frage. Aber genau deshalb sollte man sie hegen, pflegen und auffrischen. Und auch so etwas geschieht im Training.

Für den Erfolg gibt es – laut Ilmar Schichtel – drei Patent-Rezepte: »lernen, lernen, lernen.« Das kann man in Seminaren und mit diesem Buch. Allerdings kann es das Training nicht ersetzen. Es kann es erleichtern, und es kann helfen: beim Vorbereiten, Nachbereiten und auch mal beim Nachschlagen. Deshalb enthält es auch Übungen zum Selbststudium, und es verzichtet darauf, einen umfassenden Überblick zu geben. Es will eben nicht nur »Denkanstöße geben und Kommunikationsstrukturen transparent machen«. Es soll auch konkret helfen und Tips geben.

Widerspruch ist übrigens erwünscht, denn er fördert letztlich das Bewußtsein für das, was uns Menschen verbindet, für Sprache. Selbst Naserümpfen ist erlaubt, zum Beispiel von Leuten, die mit beiden Beinen fest auf den Wolken stehen und sich nicht täglich der Realität stellen müssen. Elfenbeintürme haben ihre eigenen Gesetze, und sie haben ihre eigenen Bücher. Aber dazu gehört das Buch, das Sie in den Händen haben, auf keinen Fall. Es ist ein kleiner Spaziergang durch die Welt der angewandten Sprache. Vieles ist subjektiv und muß es auch sein, und nicht alles kann bis in die letzte Konsequenz durchdacht sein. Da müssen auch die Leserinnen und Leser mitarbeiten. Oder die Autoren nach mir, die sich auseinandersetzen mit den Thesen, Hypothesen, Tricks, Kniffen, Erfah-

rungen, Beispielen und sich aus all diesen Mosaiksteinen ebenfalls ein eigenes, neues Bild machen. Aber auch das wird subjektiv sein müssen, denn jeder Mensch hat einen eigenen Stil.
Stimmt das überhaupt? – Ich glaube es manchmal nicht. Auch
beim Schreibstil gibt es Gesetzmäßigkeiten. Da wird kopiert,
vor allem ist der Stil eine beliebte Ausrede, nach dem Motto:
Wer immer die gleichen Fehler macht, darf dies getrost als eigenen Stil bezeichnen.

Zum Glück geht es in diesem Übungsbuch nicht um moderne
Lyrik. Dann müßte ich noch mehr auf subjektive Aspekte achten. Das Buch richtet sich ja an Personen, die im Rahmen ihres
Berufes schreiben – insbesondere Werbetexter, Pressesprecher
und Direktions-Assistenten – selbstverständlich »beiderlei Geschlechts«. Ziel ist es, »Grundfertigkeiten« des Schreibens zu
vermitteln. Es geht also nicht um Kunst, sondern um Handwerk.
Das schließt allerdings nicht aus, daß wir mal über den Tellerrand blicken und nachschauen, was die Literaten und Journalisten so machen. Denn von ihnen kann man lernen. Wenn wir
zum Beispiel vor der Aufgabe stehen, einen Sachtext fesselnd
und spannend zu gestalten, dann dürfen, sollen und müssen wir
bei den Krimiautoren Ideen klauen. Denn die können das! –
Dazu gehören allerdings die Fähigkeit und die Bereitschaft,
Äpfel mit Birnen zu vergleichen. Das geht! – Beide wachsen an
Bäumen, beide kann man essen, beide sind ähnlich groß … und
vieles mehr. Natürlich gibt es Unterschiede, zum Beispiel in der
Form und im Geschmack. Aber das ist ja das Wesen eines Ver-
gleichs: Gemeinsamkeiten und Trennendes herauszuarbeiten.

Also: Mut beim Ideenklau! Mut zu ungewöhnlichen Vergleichen! Und Geduld beim Üben! – Anders geht es leider nicht
… Und wenn Sie mit unseren Lösungen nicht einverstanden
sind – macht auch nichts. Was Sie am Ende der jeweiligen Kapitel finden, sind Vorschläge, sonst nichts. Sie entspringen unserer Praxis, und da gibt es fast immer Ausnahmen. Vielleicht
sind gerade Sie auf eine solche gestoßen. Um so besser!

# *Lösungsvorschläge*

## ÜBUNG 1

In diesem Fall gibt es selbstverständlich keine einzige richtige Lösung. Sämtliche Satzmonster sind schlichtweg eine Zumutung.

## ÜBUNG 2

Der ursprüngliche Satz lautet:
»Am Ostufer des Mittleren Rings, Abschnitt Richard-Strauß-Straße, unweit von der eher improvisierten Verkehrsdrehscheibe des Effnerplatzes, erheben sich gestellartig aufgestützt oder abgehängt, je nachdem, ob sich die silbrig glänzenden Geschosse oberhalb oder unterhalb des mächtig zutage tretenden, die Pylonen zwingenartig zusammenfassenden, auf halber Höhe sich abzeichnenden Installationsgeschosses befinden, die drei im Grundriß dreieckig-prismatischen Türme.«
Wir haben zuerst einmal zusammengestellt, welche Informationen überhaupt in diesem schrecklichen Satz drin sind – also: geistige Schwerstarbeit.

**Wo spielt sich das Ganze ab?**
• am Ostufer des Mittleren Rings
• Abschnitt Richard-Strauß-Straße
• unweit von der Verkehrsdrehscheibe des Effnerplatzes
Zusatz: Die Verkehrsdrehscheibe des Effnerplatzes ist eher improvisiert.

**Was tut sich da überhaupt?**
Da erheben sich die drei Türme.

**Was erfahren wir über die Türme?**
Sie sind
• im Grundriß dreieckig-prismatisch
• gestellartig aufgestützt
• oder abgehängt
• je nachdem, ob sich die Geschosse oberhalb oder unterhalb des Installationsgeschosses befinden
• die Geschosse glänzen silbrig

## Was erfahren wir über die Installationsgeschosse?

- Sie treten mächtig zutage.
- Sie fassen die Pylonen zwingenartig zusammen.
- Sie zeichnen sich auf halber Höhe ab.

Jetzt fassen wir zusammen. Wir beginnen mit einem kurzen über-schaubaren Satzteil, um die Leserinnen und Leser nicht zu er-schrecken:

> **Die drei Türme erheben sich am Ostufer des Mittleren Rings, am Abschnitt Richard-Strauß-Straße, unweit von der eher im-provisiert wirkenden Verkehrsdrehscheibe des Effnerplatzes. Die Geschosse der im Grundriß dreieckig-prismatischen Tür-me glänzen silbrig. Sie sind gestellartig aufgestützt oder ab-gehängt, je nachdem, ob sich die Geschosse oberhalb oder unterhalb des Installationsgeschosses befinden. Die Installationsgeschosse zeichnen sich auf halber Höhe ab. Sie treten mächtig zutage und fassen die Pylonen zwingen-artig zusammen.«**

Diese Fassung ist noch immer keine Meisterleistung. Aber jetzt ist es wahrscheinlicher, daß man am Ende weiß, worum es überhaupt geht.

## ÜBUNG 3

Die erste Fassung lautete:
»Die Neigung zu umständlicher Ausdrucksweise und zu Weitschwei-figkeit scheint weiter verbreitet zu sein als die Fähigkeit zu Prägnanz und Kürze.«
Die Aussage stimmt, und man weiß auch, was uns der Autor sagen will. Die zweite Fassung ist aber dynamischer.
»Vieles kann man prägnant und kurz sagen. Aber wir neigen dazu, uns umständlich und weitschweifig auszudrücken.«

## Die wichtigsten Unterschiede:

- Die zweite Fassung ist kürzer.
- Der Satz ist in zwei Sätze unterteilt.
- Die zweite Fassung ist aktiver. Alle sechs Substantive der ersten Fassung sind ersetzt durch aktive Verben oder Adjektive.

Dadurch wirkt der zweite Satz einfacher und selbstverständlicher, also auch glaubhafter. Probieren Sie's einmal! Lesen Sie mal beide Sätze laut vor!

## ÜBUNG 4

Bitte schreiben Sie diesen Lebenslauf in einem fortlaufenden Text:

**Urfassung:**
- Fred Feuerstein, geb. 31. 3. 1970 in Rosenheim
- Abitur 1990
- Zivildienst August 1990 – Februar 1992 im Krankenhaus Neu-Bethlehem in Göttingen
- Studium der Betriebswirtschaft an der Universität des Saarlandes Oktober 1992 – April 1994
  Juni 1994 Gärtnerlehre
- Juni 1997 Gesellenprüfung
- September 1997 Heirat mit Wilma Schmidt
- Januar 1998 Geburt des Sohnes Janosch
- August 1998 Meisterprüfung

**Fortlaufender Text:**
**Fred Feuerstein wurde am 31. 3. 1970 in Rosenheim geboren. Nach dem Abitur (1990) leistete er seinen Zivildienst ab (August 1990 – Februar 1992 im Krankenhaus Neu-Bethlehem in Göttingen) und studierte Betriebswirtschaft an der Universität des Saarlandes (Oktober 1992 – April 1994).**

**Im Juni 1994 begann er seine Gärtnerlehre, und drei Jahre später legte er seine Gesellenprüfung ab. Die Meisterprüfung folgte im August 1998.**

**Fred Feuerstein heiratete im September 1997 Wilma Schmidt, und im Januar 1998 kam ihr Sohn Janosch zur Welt.**

## ÜBUNG 5

Bitte schreiben Sie die folgenden Zitate um in eine verständliche Sprache:

**1.**
**Urfassung:**
»Die bisher von mir ausgeübte Tätigkeit als Nachwuchssekretärin sowie die recht zahlreichen Kurse in Englisch und Stenographie sind nach meiner Auffassung eine gute Ausgangsbasis zur Übernahme der von Ihnen in der Münsterschen Zeitung am 25. 11. 97 ausgeschriebenen Stelle als Sekretärin für Ihren Abteilungsleiter Verkauf-Ausland.«

**Neufassung:**
**Am 25. 11. 97 habe ich in der Münsterschen Zeitung gelesen, daß Sie eine Sekretärin suchen – für Ihren Abteilungsleiter Verkauf-Ausland. Dafür bewerbe ich mich. Bisher war ich Nachwuchssekretärin und habe zahlreiche Kurse in Englisch und Stenographie besucht.**

**2.**
**Urfassung:**
»Leider habe ich auf meine beiden Schreiben vom 30. 5. und 4. 6. 97, in denen ich Sie um die Begleichung der schon längst fälligen Rechnung vom 30. 1. 97 in Höhe von DM 980,– ersuchte, weder Zahlung noch Antwort erhalten.«

**Neufassung:**
**Es geht um die Rechnung vom 30. 1. 97 in Höhe von DM 980,–. Sie ist schon längst fällig.**
**Am 30. 5. 97 habe ich Ihnen geschrieben und nochmals am 4. 6. 97. Sie haben nicht bezahlt, und Sie haben noch nicht einmal geantwortet.**

**3.**
**Urfassung:**
»Wir danken Ihnen für Ihre oben genannte Anfrage vom 15. 3. und freuen uns, daß Sie einen Teil Ihres diesjährigen Urlaubs in unserem schönen Badeort verbringen wollen und daß Ihnen unser Haus empfohlen worden ist.«

**Neufassung:**
**Vielen Dank für Ihre Anfrage vom 15. 3.**
**Sie wollen einen Teil Ihres diesjährigen Urlaubs in unserem schönen Badeort verbringen. Darüber freuen wir uns – auch darüber, daß man uns empfohlen hat.**

## ÜBUNG 6

»Der erste Eindruck des Unternehmens ist durchaus positiv, was u. a. auf die sprachliche Gestaltung des gesamten Schriftverkehrs zurückzuführen ist, der bei den Kunden gut ankommt.«
»Das Unternehmen stellt sich vor – mit jedem Brief. Seine Sprache ist seine Visitenkarte: klar, originell und persönlich.«

**Wo liegen die Unterschiede?**
- Die zweite Fassung ist aktiver und plastischer.
- Sie ist kürzer.
- Vor allem: Sie wirbt für Ihr Unternehmen, für Ihre Produkte und für Ihre Dienstleistungen.

# 2

## PLANUNG MUSS SEIN

*Ein unbeschriebenes Blatt macht unsicher. Das gilt für Menschen, über die man nichts weiß ebenso wie für weiße DIN-A4-Blätter. Wenn man nur wüßte, wie man beginnen soll…*

*Der klassische Ratschlag: Mach doch zuerst einmal einen Plan!*

*Irgendwie ist man mißtrauisch; die schlechten Erfahrungen mit der Planwirtschaft, oder wie Bert Brecht schon geschrieben hat: »Mach nur einen Plan und sei ein großes Licht, und mach dann noch 'nen zweiten Plan, geh'n tun se beide nicht«. Außerdem haben wir alle Chaos-Management gelernt und wissen, daß gerade aus dem Nichtüberschaubaren bisweilen äußerst kreative Dinge entstehen können.*

*Eine Bedienungsanleitung fürs Schreiben gibt es leider nicht, und es wird sie auch nicht geben. Allerdings habe ich die Erfahrung gemacht, daß es wenig sinnvoll ist, gleich draufloszuschreiben. Testen Sie es mal!*

## ÜBUNG 7

Die Firma Streichholz-Export GmbH gibt Ihnen den Auftrag, eine Bedienungsanleitung für Streichhölzer bzw. Streichholzschachteln zu schreiben. Folgende (erfundene) Ausgangssituation: In der deutschsprachigen Schweiz gab es bisher nur Streichhölzer in »Heftchen«. Nun dürfen auch Streichhölzer in »Schachteln« importiert werden. Das »Gesetz für den Import neuer feuergefährlicher Produkte« aus dem Jahr 1873 schreibt vor, daß diese mit einer Bedienungsanleitung versehen sein müssen. Diese muß selbst für Leute brauchbar sein, die vorher noch nie eine Streichholzschachtel gesehen haben.
Die Auflagen:

1. **Die Bedienungsanleitung muß stimmen.**

2. **Der Umfang muß genau 50 Wörter betragen.**

Ich freue mich immer, wenn wir einen Auftrag für eine Bedienungsanleitung bekommen. Vor allem, wenn wir von dem Metier keine Ahnung haben. Im Idealfall geht es um die »digitale Rechnungs-Kontroll-Amplitude und deren technologische Umsetzung« für die Ausbautechnik im Bergbau«. Bei solchen Themen sind wir absolute Vollidioten. Und müssen es auch sein. Unsere Kunden sagen uns schon, ob alles technisch richtig ist. Wir konzentrieren uns auf die Sprache und auf deren Verständlichkeit. Gemeinsam stellen wir (fast) immer etwas sehr Ordentliches auf die Beine. Allerdings muß ich eins zugeben: Bedienungsanleitungen gehören so ziemlich zu den schwersten Texten, die es überhaupt gibt.
Mein Freund Charly kaufte sich einmal einen Elektrorasierer. Die Bedienungsanleitung war ein Taschenbuch mit 48 Seiten. Er konnte sich – wenn er wollte – in acht Sprachen rasieren. Sogar in Holländisch. Was tat Charly? Er warf die Bedienungsanleitung in den Papierkorb, steckte den Stecker in die Steckdose und rasierte sich. Fertig!
So machen es viele – wenn nicht sogar alle. Als ich die Büromöbel in unserem Textstudio zusammenbaute, versuchte ich es zuerst nach Plan. Dann entschied ich mich für meinen

gesunden Menschenverstand und für eine Flasche Pils. Es funktionierte. Danach, als ich die Regale, die Schreib- und Computertische einräumte, da verstand ich sogar die Bedienungsanleitung. Wie gesagt: danach!

## Das Ende der Digitaluhren

Es war bei einem meiner ersten Textseminare – in Luxemburg. Ein Seminarteilnehmer schaute auf die Uhr. So etwas ist nicht gerade ermutigend für den Trainer. Noch schlimmer ist es, wenn der Gelangweilte danach die Uhr ans Ohr hält und überprüft, ob sie wirklich noch geht ...

Was tun? Aus der Erfahrung kann man einiges lernen. Ich sprach ihn sofort an und fragte ihn, ob er eine Digitaluhr habe? Die Antwort war eindeutig: »Nicht mehr!« – Ich fragte die anderen Seminarteilnehmer, alles Pressesprecher, Werbeleiter, Chefsekretärinnen und Unternehmensgründer. Sie nickten. Sie besaßen ebenfalls keine Digitaluhr mehr. Warum?

Es wäre langweilig, sämtliche Beispiele, Geschichtchen und Argumente aufzuzählen. Bleiben wir beim Ergebnis:

Fast alle hatten einmal eine Digitaluhr. Mittlerweile sind aber alle wieder zu den beiden Zeigern zurückgekehrt. Weil die Vermarkter der Digitaluhren zwei entscheidende Marketingfehler gemacht hatten.

1. Bei der Produktentwicklung übersahen sie, daß die Uhr nicht nur eine Funktion hat, sondern auch Schmuck ist. Sie stellten billige Digitaluhren her und verzichteten auf ein Produktdesign mit wertvollem Image.

2. Sie schafften es nicht, verständliche Bedienungsanleitungen zu schreiben. Man kaufte sich eine Digitaluhr, und dann kam die Sommerzeit. Die Bedienungsanleitung war bereits »entsorgt«, oder man konnte nichts damit anfangen. Da standen ganz unverständliche Dinge wie »Drücken Sie viermal mit pm-taste links bei gleichzeitigem Drücken des rech-

ten X-Schiebers.« Also nur unverständliches Zeug. Und während man drückte und fluchte, da wuchs unaufhörlich der Vorsatz: »Das nächste Mal kaufst du dir eine ordentliche Uhr – mit Zeiger.« Da nutzten alle Gegenargumente nichts – von wegen: praktischer, preiswerter, genauer … Nein, wir ärgern uns, wenn wir etwas nicht verstehen, und dann fällen wir unsere Entscheidung. Als Kunden.

Man muß sich das einmal vorstellen: Da stecken Betriebe Millionenbeträge in die Entwicklung eines sehr guten Produktes, aber sie schaffen es nicht, für vielleicht tausend DM eine wirklich ansprechende und verständliche Bedienungsanleitung schreiben zu lassen. Und das Ergebnis? Die Zigmillionen sind in den Sand gesetzt. Ein für allemal.
Wer ein guter Informatiker, Banker oder Versicherungsexperte ist, kann eben nicht automatisch gut schreiben. Im Gegenteil: Je besser man in seinem Fach ist, desto schwerer fällt es einem, sich in die Rolle der Menschen zu versetzen, die überhaupt keine Ahnung davon haben. Und das sind nicht selten die Wichtigsten überhaupt, nämlich die Kunden.

## Die »klassischen« Phasen der Textbearbeitung

Noch einmal zur Bedienungsanleitung für die Streichholzschachtel. Wie geht man da vor? – Die meisten schreiben einfach drauflos, und dann scheint ihr wichtigstes Problem zu sein, daß die Zahl der Wörter stimmt. Planmäßiges Vorgehen habe ich noch nicht ein einziges Mal erlebt, obwohl wir unsere Textseminare immer mit dieser Übung beginnen. Bei solch schwierigen Aufgaben gehe ich immer von folgenden Schritten aus:

1. Material sammeln
2. Ansprache der Adressaten klären
3. Begriffe klären
4. Handlungsabläufe erarbeiten

5. gliedern
6. texten
7. redigieren
8. überprüfen
9. optimieren
10. korrigieren

Was heißt das?

### ➡ Material sammeln

Am Anfang steht immer die Recherche. Um was geht es? In diesem Fall heißt das: eine Schachtel mit Streichhölzern besorgen. Im Kopf nutzt sie wenig. Man muß sie – im wahrsten Sinne des Wortes – »begreifen« können. Das ist die eine Seite: die Schachtel.

### ➡ Ansprache der Adressaten klären

Auf der anderen Seite stehen die zukünftigen Benutzer. Sie haben (noch) keine Ahnung, und sie gehören allen Bevölkerungsschichten an. Wir wollen ja die Streichholzschachtel nicht nur Menschen erklären, die Hölderlins Geburtstag, die Hauptstadt von Mali und das Verhältnis von Miro zum FC Barcelona kennen. Jeder soll und muß sie verstehen. Und dann heißt es: Wie spreche ich die Leute an? Theoretisch gibt es verschiedene Möglichkeiten:

**Sie:**
Man kann selbstverständlich die Benutzer siezen. Also: »Nehmen Sie …« – Das ist direkt, persönlich, allerdings nicht immer angebracht, weil diese Form der Ansprache sehr dialogisch ist.

**Du:**
Das geht auch, etwa bei Kindern oder bei alternativen Produkten.
Ganz so abwegig ist es nicht. Ich verwette eine Flasche Li-

monade, daß jede Sekretärin schon mal einen Chef duzte. Wirklich! – Sie schreibt ja nicht »Sehen Sie nächste Seite!«, sondern »Siehe nächste Seite!« Und das ist die Duform. Aber das nur am Rande.

**Infinitivstil:**
Er eignet sich hervorragend, denn er ist sehr sachlich: »Die Schachtel in die linke Hand nehmen, danach ...«

**Man:**
Das kennen wir von Kochrezepten. Im Regelfall ist das abgenudelt.
Es sei denn, man gebraucht diese Form ironisch.

Meistens entscheidet man sich für »Sie« oder für den Infinitivstil. Beides geht – meistens. Wichtig dabei: Immer bei einer Form bleiben, nicht wechseln! Wenn man sich für eine Form der Ansprache entschieden hat, dann muß man auch dabei bleiben.

➡ **Begriffe klären**

Hier geht es darum, wie die Dinge heißen. Ist »Zündholz« besser als »Streichholz«? – Reden wir von dem »roten Käppchen«, dem »Schwefelköpfchen« oder von der »Zündkappe«? – Wie heißt der Innenteil der Schachtel? – Belassen wir es bei »Innenteil«, oder reden wir von einer »Schublade«? Am besten: Man macht eine Zeichnung und gibt allen Teilen einen Namen.

➡ **Handlungsabläufe erarbeiten**

Sie müssen ebenfalls geklärt sein. Es ist ein Unterschied, ob man etwas »hinausdrückt« oder »herauszieht«. Funktioniert das überhaupt? – Kann man etwas »hinausziehen« und »herausdrücken«? – Solche und ähnliche Fragen muß man in dieser Phase klären.

### ➡ Gliedern

Das ist eine der wichtigsten Aufgaben überhaupt. Kreative Leute sind bekanntlich Chaoten, und Ordnungsfanatiker haben selten gute Ideen. Wer beides miteinander verbinden kann, ist unschlagbar. Deshalb kann ein kreativer Mensch überhaupt nicht pedantisch genug sein.

Gliedern ist nichts anderes als ordnen – nach und vor der kreativen Phase. Aber auch das muß gelernt sein. Gehen wir chronologisch vor oder systematisch? Machen wir Unterpunkte? Wenn ja, welche?

In unserem Fall kann man folgende vier Phasen unterscheiden:
– in die Hand nehmen
– Schublade raus
– Hölzchen raus
– anzünden

### ➡ Texten

Es empfiehlt sich, genau nach diesen Phasen zu texten. Die Spiegelstriche kann man ja nachher wieder rausnehmen oder sie durch Abschnitte oder Zahlen ersetzen.

Merke: Ordnung ist zwar nicht das halbe Leben, aber der halbe Text.

### ➡ Redigieren

Das müssen andere tun. Deshalb gibt es ja auch keine Texter mehr, sondern nur noch Textstudios, zumindest, wenn es um Bedienungsanleitungen und Marketing geht.

Redigieren läuft nach dem Prinzip »Vier Augen sehen mehr als zwei«, wobei man aber verhindern muß, daß zu viele Köche den Brei verderben. »Respekt vor dem Stil anderer« darf keine Ausrede dafür sein, daß man aufs Redigieren verzichtet. Selbst ein Heinrich Böll brauchte einen Lektor, der alles mit anderen Augen sah. Da sollten wir uns auch nicht zu schade dafür sein, einen sprachkundigen Menschen zu bitten, unseren Text zu überarbeiten.

## ➡ Überprüfen

Das läuft nach der Methode »Feuerzangenbowle«. Wir stellen uns ganz dumm – oder wir suchen uns einen »Dummen«. Der bekommt nur den Text und muß danach vorgehen. Genau, wie es beschrieben ist.

Klartext: Wir überprüfen, ob sich bei all unserem sprachlichen Engagement ein technischer Fehler eingeschlichen hat. Im Idealfall macht das der Auftraggeber, weil er die technischen Abläufe am besten beurteilen kann.

## ➡ Optimieren

Der Text bekommt den letzten Schliff. Vielleicht können wir noch auf das eine oder andere Wort verzichten? – Gibt es nicht ein passenderes Wort für »Innenteil«? Können wir nicht noch ein Substantiv durch ein Verb ersetzen und somit den Text noch aktiver machen?

## ➡ Korrektur

Sie steht selbstverständlich am Schluß. Dabei bitte keine Angst haben vor dem guten alten DUDEN – etwa nach dem Motto von Heinz Erhardt: »Was willst denn **du** denn?« – Eine wichtige Erfahrung: Man kann überhaupt nicht oft genug Korrektur lesen. Dazu braucht man nicht nur einen Stift, sondern auch ein Lineal. Man muß Zeile für Zeile den Text durchgehen, Wort für Wort, in aller Ruhe. Sonst bleiben Fehler im Text, und nachher ärgert man sich grün und blau. Und Achtung! Selbst beim Korrigieren können neue Fehler entstehen, vor allem, wenn man mit dem PC arbeitet.

# Kritik und Planung

Wer keine Kritik vertragen kann, der soll besser die Finger vom professionellen Schreiben lassen. Für Empfindlichkeiten ist da kein Platz. Es ist zwar verständlich, daß man es nicht mag, wenn andere in dem eigenen Text rumfummeln. Aber das muß sein.

Merke: Kritik ist kostenlose Beratung. Und die sollte man in jedem Fall in Anspruch nehmen. Die Kritik muß noch nicht einmal konstruktiv sein. Selbst eine destruktive Kritik kann einen wahren Kern enthalten.

Kritik entsteht meistens dann, wenn etwas nicht klappt, egal ob es ums Schreiben geht oder um einen organisatorischen Prozeß. Meistens läuft es dann nach dem folgenden Schema ab:

---

➡ **Erstens:**
A erteilt Auftrag an B.

➡ **Zweitens:**
B organisiert     a) Mitarbeiter
                      b) Material
                      c) Wege
und handelt.

➡ **Drittens:**
B setzt den Auftrag nicht um und wird von A (zurecht) kritisiert.

➡ **Tabu sind:**
1. Nägelkauen (»Huuh, ich mache aber auch gerade alles falsch ...«)
2. Konterkritik (»Du machst ja auch Fehler ...«)
3. Petzen (»Ich habe das weitergegeben, aber die andern ...«)

➡ **Viertens:**
Diese Situation vermeidet man durch Planung.

---

## Die zehn Gebote der Planung

1. Aufgaben schriftlich erfassen.

2. Aufgaben ordnen:
   - nach Arbeitsbereichen
   - nach Arten der Arbeit (zum Beispiel Telefonieren, Schreiben usw.)
   - nach Wichtigkeit.

3. Beim Delegieren alles genau und nicht langatmig erklären.

4. Reserven einbauen (personell, materiell und zeitlich).

5. Nachhaken, ob der Auftrag verstanden wurde.

6. Fragen, wie, wo und wann der andere gedenkt, ihn umzusetzen.

7. Zwischendurch kontrollieren.

8. Beim Abschluß Auftraggeber informieren über
   - das Ergebnis
   - die Lösung der Probleme.

9. Lehren aus dem Auftrag ziehen.

10. Und diese festhalten (PC, Papier oder Hinterkopf) für den nächsten Auftrag.

## ÜBUNG 8

Bitte konkretisieren Sie die abstrakten Ratschläge des Kapitels »Kritik und Planung«. Bringen Sie Fleisch ans Gerippe! Arbeiten Sie mit einem konkreten Beispiel: Ihr Auftrag war es, den Text für die Einladung zur Weihnachtsfeier schreiben zu lassen.

## So arbeiten Sie mit einem Textstudio

Früher gab es noch Texter. Mittlerweile sind die Profis davon abgekommen. Zu Recht! Denn ein Text kann niemals von einem einzigen Menschen geschrieben und lektoriert werden. Alle Literatur-Nobelpreisträger dieser Erde hatten Lektoren, die ihre Texte überarbeiteten und ihnen Ratschläge gaben. Und in anderen gesellschaftlichen Bereichen ist es ähnlich. Selbst ein Franz Beckenbauer hatte einen Trainer, und jeder Kanzler und Präsident fragt seine Berater.

Ein Textstudio ist nichts anderes als eine Mikro-Organisation mit verteilten Rollen, Arbeitsteilung und Kooperation. Heute gehören dazu technische Hilfsmittel wie Fax und PCs, aber auch die »alten« Instrumente wie Flip-Chart, Schreibmaschine, Wandtafel, Wörterbücher, Lexika und Sekundärliteratur.

Wichtiger als die technische Ausstattung ist die Herkunft der Texter. Da gibt es unterschiedliche Meinungen. Ich selbst tendiere überhaupt nicht dazu, Germanisten mit möglichst guten Noten zu bevorzugen. Bei einer solchen Auffassung hätte ein Ernest Hemingway keine Chance, für unsere Kunden Zeitschriften und Prospekte zu schreiben und zu redigieren. George Bernhard Shaw ebenfalls nicht, auch nicht Franz Kafka oder Heinrich Heine. Denn sie waren alle keine Germanisten. Wobei ich noch offen lasse, ob diese weltberühmten Autoren wirklich in der Lage gewesen wären, kundenorientiert in die Tasten des PCs zu greifen ...

Als Kunde sollte man bei größeren Aufträgen von jedem Textstudio einiges im Vorfeld verlangen:

1. Arbeitsproben; zum Beispiel Prospekte, News-Letters, Kundenzeitungen u. ä.
2. ein Soziogramm der Arbeitsstruktur (Wer macht was in welcher Phase?)
3. unterschiedliche Qualifikationsstrukturen der Mitarbeiter (berufliche Herkunft: Werbung, Journalismus, Schriftstellerei usw.)

4. theoretische Arbeiten zum Thema Text (wichtig als eigene Supervision)
5. konkreter Zeitplan (wann Rohfassung, Überarbeitungsphase und Imprimatur?)
6. Fragen Sie, ob Sie den Text auch auf Diskette erhalten können! (Sie sehen dadurch, mit welchen Methoden man arbeitet.)

Holen Sie sich mehrere Angebote ein, und lassen Sie sich nicht bluffen. Fragen Sie auch mal, ob Sie sich die Arbeitsräume ansehen können! Selbstverständlich kann man auch unter dem Dachboden gut texten. Allerdings sollte man dazu stehen und keine Ausreden erfinden, von wegen: »Zur Zeit bauen wir gerade um. Könnten wir nicht ...?«
Wenn Sie sich aber für ein Textstudio entschieden haben, dann sollten Sie ihm zuerst einmal vertrauen. Reden Sie nicht in jedes Komma und in jede Formulierung rein. Akzeptieren Sie die verteilten Rollen: Sie sind der fachliche Experte, das Textstudio »macht« die Sprache.
Autoren mögen es genausowenig wie Chirurgen, Fußballtrainer und Lehrer, wenn sie ständig und von allen Seiten Ratschläge hören. Selbstverständlich sind Sie selbst kein Analphabet. Aber das brauchen Sie doch nicht ständig zu beweisen. Vielleicht würden Sie den Text auch so hinkriegen, aber Ihre Zeit ist viel zu wertvoll, um sich mit Formulierungen herumzuschlagen. Bedenken Sie bitte auch, wieviel Zeit man gerade in einen einfachen und verständlichen Text investieren muß. Das ist mehr als reine Tipparbeit. Reden Sie auch mal mit den Leuten, ob sie nicht Ihre Textarbeiten rationalisieren können. Beispiel:
Sie schreiben ständig Mailings. Lassen Sie sich doch mal Textbausteine dafür entwickeln. Zusammen mit einem zweitägigen Textseminar für eine Mitarbeiterin reicht Ihnen das schon. Sie sparen Geld und haben ein für allemal das Problem gelöst.
Wichtig beim Text ist das Redigieren. Wie so etwas läuft? Dazu ein Beispiel aus einem professionellen Textstudio:

1. Der Kunde »brieft« schriftlich oder mündlich den Leiter des Textstudios (Beispiel: Rohfassung eines Textes, Hinweise auf Zielgruppe, Umfang, Anlaß usw.).
2. Das Textstudio (Mitarbeiter 1 und 2) sichtet und strukturiert die Vorgaben und entwickelt eine Konzeption für die Textgestaltung (Sprachstil, Dramaturgie, werbliche Anliegen).
3. Mitarbeiter 1 des Textstudios erarbeitet eine erste Fassung.
4. Mitarbeiter 2 des Textstudios redigiert sie.
5. Mitarbeiter 1 vergleicht, analysiert, kontrolliert und systematisiert die Änderungen für weitere Arbeiten.
6. Der Leiter des Textstudios vergleicht die Endfassung mit dem Briefing und leitet sie an den Kunden weiter (meistens über Fax oder Diskette).

So etwas kostet Geld. Die Preise pro angefangene Seite Text (60 Anschläge, 40 Zeilen) lagen 1997 etwa zwischen DM 500,– und DM 1160,– (Angaben nach Tarifvertrag SDSt/AGD Allianz Deutscher Designer, Braunschweig). Die Unterschiede ergeben sich aus der Verwendung – lokal, regional oder national – und aus dem Schwierigkeitsgrad. Voraussetzung ist immer ein solides Briefing, also Stichworte, Hintergründe, Zielsetzung, Rahmen usw.

Bei einem größeren Auftrag, zum Beispiel beim Texten einer firmenspezifischen Korrespondenzmappe, muß ein Textstudio in der Lage sein, eine Seite für DM 350,– zu texten. Allerdings ist darin nur eine einzige Korrekturphase enthalten. Sollten Sie ständig die Texte verwerfen, dann müssen Sie damit rechnen, daß Ihnen das Textstudio die Mehrarbeit zusätzlich berechnet – zwischen DM 140,– und DM 300,– pro Stunde. Verlangen Sie in diesem Fall eine genaue Auflistung der Arbeiten und Zeiten. Und seien Sie selbstkritisch! Vielleicht haben Sie unzureichend oder schlecht gebrieft, oder Sie haben dem falschen Textstudio den Auftrag gegeben. Reden Sie offen mit Ihrem »Dienstleister in Sachen Text« und machen Sie gegebenenfalls von Ihrem Recht als Kunde Gebrauch.

Ihre Werbeagentur verspricht Ihnen sicher, daß sie alles, aber auch wirklich alles macht und kann. Wenn das stimmt, dann haben Sie das große Los gezogen. Herzlichen Glückwunsch! Kann es aber nicht sein, daß sie zwar gute Prospekte gestaltet und auch hervorragende Verkaufsförderungsaktionen organisiert, in Sachen Text aber etwas schwach auf der Brust ist?

In einem solchen Fall sollten Sie sich nicht scheuen, ein Textstudio zu beauftragen und es zu verpflichten, mit Ihrer Werbeagentur zusammenzuarbeiten. Das funktioniert. Meistens ist das für Ihre Werbeagentur sogar eine Erleichterung, denn die Endprodukte werden besser.

Bitte bedenken Sie: Bilder sind schön. Sie lassen sich hervorragend präsentieren. Bei der Sprache hingegen besticht meistens nur der Slogan. Für gute, einfache und verständliche Formulierungen haben nur wenige ein Ohr. Dabei können diese so wichtig sein. Nehmen Sie deshalb Ihren Textauftrag nicht auf die leichte Schulter. Bedenken Sie, daß sogar einzelne Sätze Menschen und Produkte prägen können. Wir alle kennen:

**»Die Lage ist ernst, aber nicht hoffnungslos.«**
(Konrad Adenauer)

**»Warum denn in die Luft gehen? Greife lieber zur HB.«**
(Haus Bergmann)

**»Sein oder Nichtsein«**
(William Shakespeare)

**»Der Duft der großen, weiten Welt.«**
(Peter Stuyvesant)

**»Wenn's der Wahrheitsfindung dient.«**
(Fritz Teufel)

**»Mehr Demokratie wagen.«**
(Willy Brandt)

**»Wer zu spät kommt, den bestraft das Leben.«**
(Michail Gorbatschow)

Das alles haben Menschen getextet. Sie hatten keine plötzliche Eingebung. Sie haben hart gearbeitet: recherchiert, entworfen, verworfen, getestet, getextet, wiederum entworfen und verworfen, und dann: Es klappte! Ein Treffer! Ein Ohrwurm ohne Melodie! Ein Slogan!

Zugegeben: Manchmal gibt es auch Zufallstreffer. Die gibt es überall. Man kann – zufällig – eine tolle Erfindung machen. Aber in der Regel wird ein Arzt eher ein medizinisches Gerät erfinden als ein Oberförster, und ein Bauer eher eine landwirtschaftliche Maschine als ein Staatssekretär. Die Texter eines Textstudios sind schon besser als Onkel Ernst, der einmal Lehrer werden wollte und Susi, die im Abitur in Deutsch eine Zwei hatte und so schöne Gedichte schreibt. Vor allem, wenn es darum geht, permanent Qualität zu liefern.

Im Alltag eines Textstudios geht es ja auch nicht darum, ständig neue Slogans für Mercedes und Sony zu entwerfen. Ein Koch produziert ja auch nicht nur Trüffelsuppe. Er muß auch die Geheimnisse der Bratkartoffeln kennen, und er darf sich nicht davor scheuen, sein ganzes Können einzusetzen, damit diese dem Kunden auch schmecken.

Ich habe einmal 50 verschiedene Textarten ausgesucht, die in einem guten Textstudio produziert werden können – von A wie Angeboten bis Z wie Zeitungen. Zu jedem Punkt habe ich auf drei Dinge hingewiesen, die man meiner Meinung nach vor allem beachten sollte. Es sind selbstverständlich subjektive Einschätzungen, aber sie basieren auf mehrjähriger Erfahrung.

➡ **Akquisitionsmappen**
   – Passende Produktbezeichnungen
   – Vorteile für den Kunden
   – Aufbereitete Zahlen

➡ **Angebote**
   – Nicht aufdringlich
   – Zielgruppe beachten
   – Mehrere Feed-back-Möglichkeiten (Coupon, Brief, Telefon, Fax)

➡ **Anzeigen**
- Produkt (oder Dienstleistung) nach vorne
- Bei allem Produktdesign die Fakten nicht vergessen
- Responsemöglichkeit (ideal: Telefon)

➡ **Argumentationshilfen**
- Treffende Beispiele
- Zahlen
- Einwandkatalog

➡ **Autobiographien**
- Wirklich, individuell
- Ehrlich
- Keine Lücken in der Historie

➡ **Bedienungsanleitungen**
- Zielgruppe: Analphabeten
- In klaren Schritten
- Keine Wortschöpfungen

➡ **Briefe**
- Grüßen
- Aktiver Stil
- Mit Fußnoten arbeiten

➡ **Broschüren**
- Sprachlich flott
- Keine Personenshow
- Großzügig

➡ **Bücher**
- Informativ und unterhaltend gleichzeitig
- Stilwechsel
- Mitmachecken (Übungen)

➡ **Checklisten**
- Numerieren
- Untergruppen
- Zeitplan nicht vergessen

➡ **Chroniken**
  - Klare Zeitgliederung
  - Aktiver Stil
  - Gegenwart nicht aussparen

➡ **Dankschreiben**
  - Individuell
  - Keine Klischees
  - Nächsten Kontakt klären

➡ **Drehbücher**
  - Linke Seite (Bild, Geräusche usw.) betonen
  - Keine Einleitungen bei Szenen
  - Personen müssen sich entwickeln

➡ **Einladungen**
  - Persönlich
  - Keinen Schachtelsatz
  - Genauen Wegeplan

➡ **Einwandkataloge**
  - Umfassende Sammlung möglicher Einwände
  - Gegenargumente mit Fakten
  - Allgemeine Richtlinien für Reaktionen

➡ **Faltblätter**
  - Respekt vor dem Bild
  - Text muß Design entsprechen
  - Aktive Sätze

➡ **Filmtexte**
  - Schreiben statt beschreiben
  - Mut zu Pausen
  - Verdichten

➡ **Firmennamen**
  - Keine verkrampften Abkürzungen
  - Assoziationen, Wertigkeit und Akzeptanz mehrfach überprüfen
  - Mögliche Verwechslungen ausschließen

➡ **Formulare**
- So einfach wie möglich
- Kein Juristendeutsch
- Keine Abkürzungen

➡ **Glückwunschschreiben**
- Individuell
- Ehrlich
- Keine Klischees

➡ **Handouts**
- Fakten statt Absichtserklärungen
- Zahlen mit Beispielen erläutern
- Wege für Rückfragen angeben

➡ **Hausmitteilungen**
- Zielgruppen beachten
- Ansprechend aufmachen, auch sprachlich
- Regelmäßiges Erscheinen

➡ **Hörfunkspots**
- Flotte Monologe oder Dialoge
- Gesprochene Sprache
- Sprecher nach vorne

➡ **Jubiläumsschriften**
- Möglichst modern
- Wenn es geht: nur ein Vorwort
- Anekdoten nicht vergessen

➡ **Kundenzeitungen**
- Nicht nur auf den eigenen Produkten herumreiten
- Keine dummen Witze
- Nicht zu betulich

➡ **Leitfäden**
- Übersichtlich
- Sachlich
- Reserven einplanen

➡ **Mahnungen**
   – Ziel: Kunden behalten
   – Keine Klischees
   – Abstufen nach 1., 2. und 3. Mahnung

➡ **Mailings**
   – Originell
   – Nicht aufdringlich
   – Leicht realisierbarer Respons

➡ **News-Letters**
   – Fach- und Sachartikel
   – Mit Kästchen arbeiten
   – Kommunikationsschienen zur Firma integrieren

➡ **Orientierungshilfen**
   – Visuell und sprachlich
   – Genau überprüfen
   – Wenn möglich: in Schritten

➡ **Präsentationsmappen**
   – Das Produkt ist wichtiger als die Firma
   – Hochglanz ist nicht alles
   – Verschiedene Infostufen beachten

➡ **PR-Artikel**
   – Keine verschriftete Werbung
   – Mehr Infos als Selbstlob
   – Klassischer Zeitungsstil

➡ **Pressedienste**
   – Nur wenn man wirklich viel zu sagen hat
   – Nicht nur Eigen-PR
   – Kultur, Umwelt und Unterhaltung nicht vergessen

➡ **Pressemappen**
   – Keine vorgeschriebenen Artikel
   – Fakten und Zahlen
   – Übersichtliche Anordnung

➡ **Pressemeldungen**
- Nur in Serie sinnvoll
- Einheitliches Outfit
- Nicht zu lang

➡ **Produktbeschreibungen**
- Sehr sachlich
- Fachausdrücke nur, wenn unbedingt nötig
- Text und Zeichnung müssen eine Einheit bilden

➡ **Produktbezeichnungen**
- Aus der Alltagssprache entnehmen
- Keine Angst vor Sprachbildern
- Mit Vokalen arbeiten

➡ **Prospekte**
- Sparsam
- Bildbezüge herstellen
- Verdopplungen vermeiden

➡ **Reden**
- Keine Klischees
- Prägnante Formulierungen auswählen
- Mit Pointierungen arbeiten

➡ **Rundbriefe**
- Keine ellenlange Sätze
- Die wichtigsten Punkte hervorheben
- Mut zur Kürze

➡ **Selbstdarstellungen**
- Gut strukturieren
- Offene Fragen lassen
- Kommunikationswege angeben – auch Faxnummer und Wegeplan

➡ **Standardbriefe**
- Grüßen
- Gleich zur Sache kommen
- Mit Head- und Baseline arbeiten

➡ **Technische Beschreibungen**
- Nicht für Experten schreiben
- Klare Struktur
- Genau überprüfen

➡ **Telefonskripts**
- Offensiver Einstieg
- Kundennutzen
- Einwandkatalog nach Prioritäten

➡ **Textbausteine**
- Müssen verknüpfbar sein
- Persönlicher Stil
- Auf Diskette und in der Mappe

➡ **Vorworte**
- Keine Klischees
- Autobiographisches
- Mut zum Zitieren

➡ **Werbetexte**
- Originalität
- Positiv
- Einprägsam

➡ **Werkszeitschriften**
- Konzept von Unternehmenszielen ableiten
- Von Mitarbeiterinnen und Mitarbeitern schreiben lassen
- Textstudio soll redigieren

➡ **Zeitschriften**
- Sollen mindestens viermal im Jahr erscheinen
- Feste Rubriken
- Verschiedene Rezeptionsebenen

➡ **Zeitungen**
- Struktur nach Lesegewohnheiten
- Unterhaltung nicht vergessen
- Regelmäßiges Erscheinen

# Ein Beispiel aus der Arbeit eines Textstudios

Der Auftraggeber war in diesem Fall ein amerikanischer Konzern. Das Textstudio hat neben der Interlinear-Übersetzung auch den englischen Text hinzugezogen, damit die Endfassung möglichst genau der Vorlage entspricht. Es hat den Text nach sprachlichen, psychologischen und werblichen Aspekten bearbeitet. Er sollte knapp, genau und verständlich sein. Die Kommunikation lief über Fax.

## ÜBUNG 9

Bitte redigieren Sie den vorgegebenen Text und begründen Sie jede Veränderung:

> »Für die ›Firma xyz‹ beginnt eine neue Zeit, geprägt durch Wachstum, Vergrößerung und Veränderung. Keine dem Zufall überlassene Veränderung, sondern eine Änderung nach freier Wahl. Für uns stellt sich nicht die Frage, ob wir uns ändern wollen, sondern wie.
> Als Unternehmen sind wir auf dem Markt heute ungeheuren Herausforderungen gegenübergestellt: Wettbewerbsdruck, Weltmärkte, Kundennachfragen – und als Organisation den Erwartungen der Angestellten, den Strukturen, den Systemen. Wollen wir Wachstum und Erfolg verzeichnen, müssen wir Initiativen ergreifen: Unsere Gesellschaftsführungspraktiken sind auf einen neuen Stand zu bringen – und zwar schneller und wirksamer als die unserer Konkurrenten.«

## ÜBUNG 10

Texten Sie einen Wegeplan. Er beschreibt, wie man Sie an Ihrer Arbeitsstelle findet, wenn man von irgendwo aus Deutschland anreist. Bitte überprüfen Sie ihn, ob er auch stimmt. Oder wissen Sie wirklich genau, welche Hinweise die Verkehrsschilder geben?

# *Lösungsvorschläge*

## ÜBUNG 7

Die Schritte zu der Bedienungsanleitung haben wir im zweiten Kapitel erklärt. Hier ist nun die erste Phase des Endprodukts:

9 **Greifen Sie die Streichholzschachtel mit der linken Hand an**

7 **den beiden seitlichen Reibeflächen – mit Daumen und**

9 **Mittelfinger. Das Bild der Schachtel muß nach oben zeigen.**

9 **Schieben Sie nun die Schublade etwa zur Hälfte hinaus.**

10 **Nehmen Sie ein Streichholz aus der Schublade, greifen sie es**

10 **am hölzernen Ende und führen Sie es mit dem Käppchen**

7 **ruckartig über eine der beiden seitlichen Reibeflächen.**

3 **Vorsicht, es brennt!**

---

64 **Wörter. Das ist zuviel.**

Wir fragen uns nun: Auf welche Wörter können wir verzichten? Wir kennzeichnen sie jeweils mit einem X. – Wenn wir vierzehnmal ein X »setzen«, dann haben wir es geschafft: nur 50 Wörter. Allerdings muß die Bedienungsanleitung auch stimmen.

5 **Greifen Sie die Streichholzschachtel X X X X an**

6 **den beiden X Reibeflächen – mit Daumen und**

7 **Mittelfinger. Das Bild der Schachtel X nach oben X.**

7 **Schieben Sie X die Schublade X zur Hälfte hinaus.**

7 **Nehmen Sie ein Streichholz X X X, greifen sie es**

10 **am hölzernen Ende und führen Sie es mit dem Käppchen**

6 **ruckartig über eine der X seitlichen Reibeflächen.**

2 **X Es brennt!**

---

50 **Wörter. Jetzt stimmt's.**

Man wundert sich immer wieder, daß man Wörter wegredigieren kann, ohne daß ein Text verfälscht wird.

**Die typischen Fehler:**

- »**Nehmen Sie die Schachtel in die linke Hand…**« – Dann kann man sie nicht öffnen.
- »**Öffnen Sie die Schachtel!**« – Wie?
- »**Drücken Sie die Schublade hinaus**« – Dann fallen alle Hölzchen mit der Schublade raus.
- »**Schieben Sie das Zündkäppchen an der Reibefläche entlang**« – Dann verbrennt man sich die Finger.

Wie gesagt: Jede und jeder muß die Bedienungsanleitung verstehen.

## ÜBUNG 8

Bitte konkretisieren Sie die abstrakten Ratschläge des Kapitels »Kritik und Planung«. Bringen Sie Fleisch ans Gerippe! Arbeiten Sie mit einem konkreten Beispiel: Ihr Auftrag war es, den Text für die Einladung zur Weihnachtsfeier schreiben zu lassen.

---

➡ **Erstens:**
Geschäftsführer erteilt Auftrag an Pressesprecher.

➡ **Zweitens:**
Pressesprecher organisiert a) Direktionsassistentin
                                    b) PC (ist vorhanden, klar)
                                      c) bittet Sie, ihm den Entwurf zu faxen und informiert sie über Sinn, Zweck, Ziel usw.

➡ **Drittens:**
Die Direktionsassistentin setzt den Auftrag nicht um und wird vom Pressesprecher (zu Recht) kritisiert.

➡ **Tabu sind:**
1. Nägelkauen (»Huuh, ich mache aber auch gerade alles falsch…«)
2. Konterkritik (»Du machst ja auch Fehler…«)
3. Petzen (»Ich habe das weitergegeben, aber die andern…«)

➡ **Viertens:**
Diese Situation vermeidet man durch Planung.

---

### Die zehn Gebote der Planung

1. Aufgaben schriftlich erfassen:
   »**Bitte texten Sie …**«

2. Aufgaben ordnen:
   – nach Arbeitsbereichen:
     »**Sie sind zuständig, weil …**«
   – nach Arten der Arbeit (zum Beispiel Telefonieren, Schreiben usw.):
     »**Textarbeit**«
   – nach Wichtigkeit:
     »**sehr wichtig, weil …**«

3. Beim Delegieren alles genau und nicht langatmig erklären:
   »**Es kommt darauf an, daß …**«

4. Reserven einbauen (personell, materiell und zeitlich):
   »**Sollten Sie Fragen haben, dann …**«

5. Nachhaken, ob der Auftrag verstanden wurde:
   »**Wenn Sie jetzt noch etwas wissen wollen, dann …**«

6. Fragen, wie, wo und wann der andere gedenkt, ihn umzusetzen:
   »**Haben Sie Zeit, den Text während der Arbeitszeit …?**«

7. Zwischendurch kontrollieren:
   »**Wie weit sind Sie? Kann ich Ihnen helfen?**«

8. Beim Abschluß Geschäftsführer informieren über
   – das Ergebnis:
     »**Der Text ist fertig.**«
   – die Lösung der Probleme:
     »**Ihre Direktionsassistentin hat ihn gemacht.**«

9. Lehren aus dem Auftrag ziehen:
   **»Die kann das.«**

10. Und diese festhalten (PC, Papier oder Hinterkopf) für den nächsten Auftrag.
    - **»Bei Textarbeiten: Direktionsassistentin stärker einbeziehen.«**
    - **»Zeit lassen.«**
    - **»Genau briefen.«**

## ÜBUNG 9

**Optimierte Fassung:**

**»Für uns alle beginnt eine neue Zeit. (1) Auch die Firma ›xyz‹ wächst – sie vergrößert und verändert sich. (2) Wir überlassen dabei nichts dem Zufall. (3) Wir wollen die Veränderungen und bestimmen sie selbst. (4)**
**Der Weltmarkt fordert unser Unternehmen heraus. (5) Ebenfalls unsere Organisation und unsere Gemeinschaft. (6) Wir wollen Wachstum und Erfolg, (7) und dafür müssen wir Initiativen ergreifen (8): Wir werden weiterhin unser Management verbessern, neue Strategien für den Wettbewerb entwickeln und unsere Unternehmenskultur fördern.« (9)**

**Begründungen:**

1. Der erste Satz sollte immer kurz sein. Das erleichtert den Einstieg in den Text.
   Firma »xyz« kann man am Anfang weglassen, weil der Firmenname im Titel steht.
   Das Wort »alle« bezieht die Leser mit ein.
2. Jetzt kann man Firma »xyz« bringen.
   Die Substantive sind ersetzt durch Verben. Diese sind immer aktiver – wie die Firma.
3. Klingt aktiver und grundsätzlicher.
4. Klingt aktiver und selbstbewußter.
   Der Satz »Für uns stellt sich nicht die Frage, ob wir uns ändern wollen, sondern wie« ist somit überflüssig.

5. Klingt kämpferischer.
   Die Worte »Wettbewerbsdruck« und »Kundennachfragen« sind unnötig, denn:
   - die Herausforderung des Weltmarktes ist lediglich eine andere Formulierung für den »Wettbewerbsdruck« und
   - »Kundennachfragen« sind niemals eine Bedrohung, sondern die Basis für das Geschäft.
6. Der neue Satz (»Ebenfalls…«) betont die Aufzählung.
7. Klingt selbstbewußt und aktiv.
8. Eigener Gedanke – besser als »um – zu«.
9. Das Wort »Gesellschaftsführungspraktiken« ist viel zu lang. Außerdem ist »Praktiken« abwertend.
   »…auf einen neuen Stand zu bringen« heißt ja: »Wir hinken immer hinterher…« Deshalb die Neufassung.


## ÜBUNG 10

Leider wissen wir nicht, wo Sie arbeiten. Deshalb habe ich ein Beispiel aus der eigenen Praxis genommen: den Wegeplan, den wir den Teilnehmerinnen und Teilnehmern unserer Text- und Medienseminare zuschicken. Wir haben ihn mehrmals getestet. Vor allem haben wir auf den Kilometerzähler und auf den Text der Verkehrsschilder geachtet. Das Ergebnis: Ich habe noch nie erlebt, daß sich eine Seminarteilnehmerin oder ein Seminarteilnehmer verfahren hätten…

So finden Sie das
Medienzentrum
Wintringer Hof

- **Sie kommen aus Mannheim/Viernheimer Dreieck, Richtung Saarbrücken.**
- **In Saarbrücken verlassen Sie die Autobahn (Ausfahrt: Güdingen, Saargemünd, Kleinblittersdorf, Brebach-Fechingen).**
- **Nach der Ausfahrt fahren Sie links in Richtung Saargemünd, Kleinblittersdorf, Güdingen. Sie bleiben 5,5 Kilometer auf dieser Straße entlang der Saar.**
- **Danach biegen Sie links ab in Richtung Habkirchen, Bliesransbach. Nach etwa 2,5 Kilometern sehen Sie auf der linken Seite das Restaurant Wolfsbuche.**

- Dann noch etwa 500 Meter, und Sie sind am Wintringer Hof.
- Hier biegen Sie links ab.
Fahren Sie nicht in den Hof hinein,
sondern über den asphaltierten Weg.
Parken Sie nach etwa 100 Metern rechts am Wegrand.
Rechts sehen Sie dann das Medienzentrum.

HERZLICH WILLKOMMEN

# 3

# TEXTDRAMATURGIE

*»Für einen großen Geist gibt es nichts Unbedeutendes«*, sagt *Sherlock Holmes in der »Studie in Scharlachrot«. Er wußte um die Kleinigkeiten, die sehr wichtig sein können: der Faden am Sessel, die Asche vor dem Kamin und die Fußspur im Vorgarten. Im Detail können nicht nur der Teufel, sondern auch wichtige Hinweise stecken. Vor allem eine Grundstruktur.*

*Ein gutes Beispiel ist der Witz. In dieser unterhaltenden literarischen Kurzform ist fast alles drin, was einen Text ausmacht. Allein aus diesem Grund eignet er sich hervorragend für eine Untersuchung, denn wenn wir beim Witzeerzählen einen Fehler machen, dann merkt man es sofort. Bei einem Sachtext fallen Fehler in der Dramaturgie selten auf. Anders aber wenn wir versuchen, mit einer kleinen Geschichte andere zum Lachen zu bringen. Da rächen sich sofort Längen, fehlende Informationen oder auch falsche Begriffe.*

*Als ich Mitte der siebziger Jahre meine »Glossenfabrik« gründete und regelmäßig fast alle Sender der ARD belieferte, da kam mir zum ersten Mal die Idee, mich auch theoretisch mit Sprache zu beschäftigen. Zum Glück bin ich kein Germanist. Als solcher hätte ich sicher Berührungsängste gehabt vor dem »Trivialen« und hätte auch zu schnell auf die theoretischen Überlegungen anderer zurückgegriffen. So aber machte ich meine Erfahrungen selbst, erfand also – wie es Kurt Tucholsky ausdrücken würde – den Reißverschluß noch mal von vorne. Wenn ich mir meine Texte im Radio anhörte, dann merkte ich sofort: »Der ist zu lang«, »Der kommt zu schnell auf den Punkt« und »Da fehlt etwas Farbe«. Ich bastelte mir*

*meine eigenen Theorien über Dramaturgie zusammen, ausge-
hend von den »nach vorne verlängerten Witzen«, den Glos-
sen.*

*Textdramaturgie hat offensichtlich viel mit Gliederung zu
tun, aber auch mit Zuspitzung.*

*Ein Null zu Null im Fußball ist nie dramatisch, es sei denn,
es gab drei Elfmeter, zwei Platzverweise, vier Lattenschüsse.
Dann hat sich etwas getan, und das Spiel war dramatisch.*

*Ein Wahlausgang, bei dem bis zum Schluß nicht feststeht,
ob die FDP oder die Grünen über die Fünf-Prozent-Hürde
springen, ist ebenfalls dramatisch.*

*Auch die Entwicklung an der Börse kann äußerst drama-
tisch sein. Man weiß nicht, warum die deutschen Blue Chips
steigen, auf einmal fallen sie wieder, und erst dann erfährt
man plötzlich, daß die Bundesbank die Leitzinsen gesenkt
hat.*

*Langeweile hingegen ist niemals dramatisch: ein Fußball-
spiel, bei dem die Stürmer wie die Fußkranken auf dem Platz
herumbummeln, ein Wahlergebnis, das vorher schon feststeht,
und eine Börsensitzung, bei der die Aktienkurse so vor sich
hin dümpeln.*

*Erst wenn etwas geschieht, was man nicht erwartet hatte,
erst dann ist die Grundlage für eine Dramaturgie vorhanden.
Aber das allein reicht nicht aus. Es fehlt die Struktur. Sie ist
entweder vorhanden, etwa bei einem vorgegebenen Text, oder
wir müssen sie »bauen«, wenn wir selbst einen Text schreiben
wollen.*

*Ein Tip: Lassen Sie sich niemals auf den Vorwurf ein, Sie
hätten einen Text »konstruiert«. Das machen doch alle – mal
mehr und mal weniger bewußt. Selbstverständlich darf man
die Konstruktion nicht bemerken. Aber das ist etwas anderes.*

*Selbst Witze kann man »konstruieren«, denn bekanntlich
gibt es überhaupt keine neuen Witze, sondern es gibt nur
Menschen, die die alten Witze noch nicht kennen. Sämtliche
Witze leiten sich von einem Grundmuster ab. Noch aus meiner Kindheit kannte ich folgenden Witz:*

*Eine Frau geht sonntags in die Kirche mit einem großen Stück Speck unter dem Arm. Eine Nachbarin sieht sie und fragt, was sie denn mit dem Speck in der Kirche wolle. Die Antwort: »Um Himmels willen! Da habe ich doch wirklich das Gebetbuch ins Sauerkraut geworfen...«*

*Diesen Witz führte ich auf die Grundstruktur zurück und füllte ihn mit einem anderen Beispiel auf:*

*Ein Junge geht zu seinem Geigenlehrer und öffnet den Geigenkasten. Der Lehrer staunt, denn im Kasten liegt eine Maschinenpistole. Darauf der Junge: »Verdammt noch mal! Jetzt steht mein Papa mit der Geige in der Kreissparkasse.«*

*Diese Fassung war der »Witz der Woche« im »Stern«. Ein Plagiat? – Ich glaube nicht. Dann wären ja alle Witze geklaut. Eher eine »bewußte Konstruktion«. Und das geht, wenn man die Dramaturgie analysiert.*

*Allerdings ist in einem Witz noch mehr drin. Fast alles, was wir auch in einem Shakespeare-Drama oder in einem Grass-Roman finden. Allerdings in verkürzter, reiner Form. Und genau deshalb eignet sich diese Textgattung hervorragend, um die Grundlagen der Textdramaturgie zu erarbeiten.*

# Kennen Sie den?

**Ein Mann kommt zum Doktor – mit 'nem Messer im Bauch.**
**Fragt der Arzt: »Tut's weh?«**
**Sagt der Mann: »Nöö, nur wenn ich lache.«**

In diesen drei Zeilen steckt einiges drin. Eigentlich alles, was die Dramaturgie eines Textes ausmacht. Oder fast alles. Deshalb schauen wir uns diesen Witz einmal genauer an.
Analysieren wir zuerst einmal die Sprache. Es ist hochdeutsche Umgangssprache. Es gibt keine fremdländischen Anklänge, was ja auch möglich wäre, und keiner redet Dialekt, weder der Erzähler, noch die beiden Akteure: Arzt und Mann. Typische Elemente der Umgangssprache sind:

»'nem« – statt »einem« (Erzähler)
»tut's?« – statt »tut es?« (Arzt)
»Nöö« – statt »Nein« (Mann)

Unterschiedliche Sprachebenen gibt es in der Geschichte nicht. Erzähler, Arzt und Mann drücken sich ähnlich aus.
Die Sprache von allen ist knapp. Wäre sie es nicht, dann könnten wir die kleine Geschichte nicht als Witz bezeichnen, denn dieser verträgt keine Redundanz. Er beschränkt sich aufs Allernotwendigste und steuert direkt auf die Pointe zu.
Mit Redundanz würde sich der Witz etwa so anhören:

**»Elmar Backes überquert die Hauptstraße von Homburg, geht in den zweiten Stock eines Jugendstilhauses, betritt das Wartezimmer und geht, ohne sich hinzusetzen, sofort in das Zimmer des Internisten Dr. Wilhelm Seeberg. Letzterer ist erstaunt, weil der Mann ein Messer im Bauch hat, und er fragt ihn sofort, ob er wegen der Wunde Schmerzen verspüre. Elmar Backes wundert sich über die Frage des Mediziners und sagt mit zynischem Gesichtsausdruck, daß er den Schmerz lediglich während**

**des Lachens verspüre, da er dadurch offensichtlich besonders stark zum Ausdruck komme.«**

Über eine solche Geschichte würden wir nicht lachen. Sie langweilt uns, denn eine Pointe verträgt keine allzu umfangreichen Ausschmückungen. Sie lenken nur ab.

Wie oft finden wir in Sachtexten unnötige Informationen? – Das merken wir überhaupt nicht. Aber bei einem Witz können sie die Pointe kaputtmachen, und sie hinterlassen unnötige Fragen.

Wir wollen das einmal an einigen Beispielen durchexerzieren. Dabei fügen wir im ersten Satz lediglich eine einzige Information hinzu – oder wir verändern sie.

> – **Ein Mann kommt an einem Dienstag zum Doktor –**
> **mit 'nem Messer im Bauch.**
> **Frage des Lesers: »Wieso an einem Dienstag?«**
> – **Ein Mann mit Glatze kommt zum Doktor – mit 'nem**
> **Messer im Bauch.**
> **Frage des Lesers: »Wieso mit Glatze?«**
> – **Ein Mann aus Frankfurt kommt zum Doktor – mit**
> **'nem Messer im Bauch.**
> **Frage des Lesers: »Wieso aus Frankfurt«?**

(Der Zusatz »aus Frankfurt« kann allerdings einen Sinn ergeben, wenn der Mann »frankfurderisch« spricht. Der Dialekt wird dann zu einer zusätzlichen Quelle der Heiterkeit.)

> – **Ein Mann aus Ostfriesland kommt zum Doktor – mit**
> **'nem Messer im Bauch.**
> **Frage des Lesers: »Wieso aus Ostfriesland«?**

(Auch hier kann der Zusatz sinnvoll sein, wenn man den Witz in die Reihe der Ostfriesenwitze integrieren will und als Motiv einen äußerst bescheidenen Intelligenzquotienten anbietet.)

> – **Eine Frau kommt zum Doktor – mit 'nem Messer im**
> **Bauch.**
> **Frage des Lesers: »Wieso eine Frau?«**

(Bei einer Patientin hat der Leser des Witzes eine andere Erwartungshaltung. Es ist verrückt, aber unsere sprachliche Wahrnehmung funktioniert noch so: »Ein Mann« gilt als neutral, während »eine Frau« bereits ein Spezifikum ist. Diese Information wirft Fragen auf. Wir erwarten mehr von der Handlung und mehr vom Dialog – etwas, was mit dem Verhältnis Mann–Frau zu tun hat.)

Halten wir fest: keine unnötigen Informationen. Sie lenken ab, verwirren unnötig und führen zu unnötigen Fragen. Was aber, wenn wir bewußt Fragen provozieren wollen, etwa um den Text dialogischer oder spannender zu machen? – Richtig! Dann kann man sich dieses Mittels bedienen. Darauf werden wir bei der »Spannung« zurückkommen. Zuerst aber wollen wir uns noch ein wenig mit unserem Witz beschäftigen.

Die Handlung spielt in der Gegenwart. Das ist typisch für den Witz. In der Vergangenheitsform hört sich der Witz folgendermaßen an:

Ein Mann kam zum Doktor – mit 'nem Messer im Bauch. Fragte der Arzt: »Tut's weh?« Sagte der Mann: »Nöö, nur wenn ich lache.«

So etwas ist nur möglich bei einer Anekdote. Aber da brauchen wir noch konkrete Personen. Zum Beispiel könnte es folgende Anekdote geben:

**Der frühere Biologielehrer des berühmten Chirurgen Professor Sauerbruch stürzte eines Tages in dessen Praxis und sagte:**
**»Herr Doktor, ich habe ein Messer im Bauch.«**
**Sauerbruch schaute ihn nicht an und beschäftigte sich weiter mit seinen Instrumenten. Als sein früherer Lehrer, dessen Stimme er erkannt hatte, laut stöhnte, fragt Sauerbruch gelangweilt:**
**»Tut's weh?«**
**Daraufhin soll der Pädagoge gesagt haben:**
**»Nur wenn ich lache.«**
**Später soll sich ans dieser doch merkwürdigen Begeg-**

**nung eine feste Freundschaft entwickelt haben, obwohl der Biologielehrer einst von seinem Schüler Sauerbruch nicht allzuviel hielt ...**

Der Witz braucht die Gegenwartsform. Nicht etwa, weil die Geschichte jetzt spielt, sondern wegen der Spannung. Wir arbeiten ja auch bei Vergangenem mit dem Präsens. Selbst Cäsar hat das schon getan, um eine Textpassage spannend zu gestalten. Und in unserer Umgangssprache tun wir das erst recht. Wir erzählen in unserer Stammkneipe:

>**Letzte Woche gehe ich über den Markt, da treffe ich doch – ich hab' meinen Augen nicht getraut, da treffe ich doch wirklich den Erwin! Stell dir das mal vor: Treff ich den Erwin!**«

Man merkt die emotionale Betroffenheit an der Satzstellung, aber auch an der Gegenwartsform.

## Was noch alles drin ist

Kehren wir von der Stammkneipe zurück in die Arztpraxis. Eine typische Grundfrage aller Lehrer, Germanisten und Dramaturgen: Wie steht es mit der aristotelischen Einheit von Ort, Zeit und Handlung?
Diese Frage kann man ganz eindeutig beantworten: Die klassische Einheit ist gewahrt. Die Geschichte spielt an einem einzigen Ort (in der Arztpraxis), es gibt eine einheitliche Zeit (nur wenige Sekunden), und auch die Handlung ist alles andere als komplex.
Spielen wir noch ein wenig Sherlock Holmes, und widmen wir uns dem scheinbar Unbedeutenden. Mit der Lupe über dem Text werden wir noch einige Dinge erfahren. Diese mögen vielleicht trivial erscheinen, aber dieses detektivische Vorgehen ist zum Beispiel für alle wichtig, die einen Text umsetzen müssen, etwa für einen Fernsehspielautor, der eine Romanvorlage

dramatisieren muß oder für einen Werbetexter, der nach genauen Vorgaben arbeitet.

Der Autor muß möglichst viele Informationen aus dem Text herauskitzeln und dabei auch mit Wahrscheinlichkeiten arbeiten. Erst dann kann er klipp und klar sagen, wie das Bühnenbild aussehen muß, welche Schauspieler für die Rollen geeignet sind und ihnen Regieanweisungen geben. Erst dann kann auch der Texter wissen, worauf es dem Auftraggeber wirklich ankommt, welche Schwerpunkte er setzen muß und wie er diese akzentuiert.

Folgende Dinge könnte man zum Beispiel bei unserem Witz festhalten:

1. Die Geschichte spielt entweder in einem deutschsprachigen Land, oder es ist eine Übersetzung.
2. Sie spielt im Behandlungsraum eines niedergelassenen Arztes.
3. Dieser ist mindestens 25 Jahre alt (sonst wäre er noch kein Arzt) und ist sofort als solcher zu erkennen (Kittel, Stethoskop u. ä.). Sonst käme der Dialog nicht sofort zustande. Oder der Patient kennt den Arzt.
4. Der Mann (mit dem Messer im Bauch) ist erwachsen (ansonsten würde uns der Autor das sagen), und er hat Humor. Oder etwa nicht? Darüber können wir uns in dieser Phase der Analyse noch kein Urteil erlauben.
5. Die Jahreszeit spielt keine Rolle, weil die Geschichte ja »innen« spielt. Auch der Tag ist gleichgültig. Wahrscheinlich ist es ein normaler Wochentag, denn der Sonntags- oder der Nachtdienst würde von der Pointe ablenken.

Wir erfahren also doch einiges über die beiden handelnden Personen. Wir könnten sie nach diesem Profil mit uns bekannten Schauspielern »besetzen«.

## Zurück zur Sprache

Der Autor arbeitet mit folgenden sechs Satzzeichen:

- – Gedankenstrich
- ' Auslassungszeichen
- . Punkt
- : Doppelpunkt
- » Anführungszeichen
- ? Fragezeichen

Sie sind genau gesetzt – nicht nur sprachlich, sondern auch typisch für einen Witz.
Der Gedankenstrich gliedert den Satz so, daß er übersichtlich und mündlich wird.

> **»Ein Mann kommt zum Doktor – mit 'nem Messer im Bauch.«**

Man könnte auch sagen:

> **»Ein Mann mit 'nem Messer im Bauch kommt zum Doktor.«**

Das ginge auch. Aber die andere Fassung ist besser. Sie bietet zuerst einmal einen kurzen und übersichtlichen Satz: »Ein Mann kommt zum Doktor«, und dann erst kommt die erste Überraschung. Der Mann hat keinen Husten, keinen Schnupfen und auch keine Kreislaufschwäche. Nein, er hat – man lese und staune – ein Messer im Bauch.
Ein alter Autorentrick: nicht im ersten Satz zuviel verraten. Ideal ist ein kurzer SPO-Satz (Subjekt-Prädikat-Objekt), wenn möglich kürzer als eine Zeile, und dann heißt es schon: »Jetzt mach mal 'nen Punkt.« Der Leser ist in dem Text drin, er hat die erste Information verstanden, und weil der Autor nicht alles verraten hat, will der Leser wissen, wie es weitergeht.

## ÜBUNG 11

Bitte machen Sie aus den folgenden Sätzen jeweils mindestens zwei Sätze. Der erste Satz muß kürzer sein als eine Zeile.

1. **Unser Riesling »Deidesheimer Nonnenglück«, der letztes Jahr die goldene Kammerpreismünze erhielt, hat auch dieses Jahr wieder große Chancen, diesen begehrten Preis zu erhalten.**

2. **Ihr Jubiläumsfest, zu dem Sie uns freundlicherweise eingeladen hatten, hat uns sehr gut gefallen.**

3. **Wenn Sie nähere Informationen über unsere Schreibseminare erhalten wollen, dann rufen Sie uns unter der Telefonnummer 06805/1002 an.**

Bei diesen Beispielen lassen sich die Sätze sehr gut trennen. Allerdings muß man auch ein wenig anders formulieren. Sollte mal eine Trennung aus irgendwelchen Gründen nicht möglich sein oder zu modern erscheinen, kann man mit dem Gedankenstrich arbeiten – wie der Autor unseres Witzes. Merken Sie etwas? Richtig! Der letzte Satz setzt genau diese Möglichkeit um. Es heißt da nicht »... kann man wie der Autor unseres Witzes mit dem Gedankenstrich arbeiten«, sondern: »... kann man mit dem Gedankenstrich arbeiten – wie der Autor unseres Witzes.« Der Satz wird übersichtlich und entspricht auch mehr der Umgangssprache. Wie oft sagen wir etwas und merken erst dann, daß wir etwas vergessen haben und fügen es hinzu – vor allem, wenn wir emotional bewegt sind.

Ein Beispiel: »In dem Film hat Bud Spencer eine Kuh umgebracht – mit einem einzigen Handkantenschlag.«

Man hört so richtig, wie sehr unser Cineast erstaunt ist und die Kraft von Bud Spencer bewundert – und das, ohne daß er es direkt sagt. Seine Gefühle werden allein durch die Satzstellung deutlich. »Er gibt noch eins drauf« – nach dem Gedankenstrich. Und das ist die erste Überraschung.

Das Auslassungszeichen bei »'nem Messer« macht den Satz ebenfalls umgangssprachlich. Die deutsche Sprache macht das – im Vergleich etwa zu romanischen Sprachen – viel zu selten. Unsere französischen Nachbarn ziehen vieles zusammen, und weil das im Deutschen nicht so ist, klingt in ihren Ohren die Sprache von Goethe, Schiller und Heine abgehackt wie ein Maschinengewehrstakkato.

Ein typischer Übungssatz aus einem Buch, das Franzosen die deutsche Sprache näherbringen will: »Hier ist Wien.« Jede Französin und jeder Franzose sprechen dieses Sätzchen zuerst folgendermaßen aus: »Ierist Wien.« Zu dem Problem mit dem gehauchten »H« kommt der Wunsch »Hier« und »ist« zu einem einzigen Wort zusammenzuziehen. Im Deutschen aber trennt man fein säuberlich. Man »hackt«. Zusammenziehungen sind selten. Wenn uns die Feuerwehr fragt, wo es denn brenne, dann sagen wir auch nicht »in dem Haus«, sondern »im Haus«. Wir ziehen »in« und »dem« zusammen, indem wir von dem ersten Wort den ersten und von dem zweiten Wort den letzten Buchstaben zu einem einzigen Wort zusammenfügen.

Eine ähnliche Funktion hat das Auslassungszeichen. Also:

- »er sieht's« statt »er sieht es«
- »wie geht's?« statt »wie geht es?«
- »mit 'nem Messer im Bauch« statt »mit einem Messer im Bauch«

In dem ersten Satz (»Ein Mann kommt zum Doktor – mit 'nem Messer im Bauch«) stecken also zwei mündliche Elemente, die beide mit einem Satzzeichen signalisiert werden. Zusammen mit der vagen Bezeichnung »ein Mann« bilden sie ein Informationsbündel, das den Leser darüber informiert, daß es sich um einen Witz handelt.

Märchen arbeiten mit »Es war einmal«, Behördenschreiben mit »bezüglich« und Mahnungen mit »Sicher ist Ihnen entgangen, daß …«. Wir wissen dann sofort, um welche Textsorte es sich handelt.

Einen Witz erkennen wir ebenfalls an Stereotypen, und dazu können auch Satzzeichen wichtige Bausteine sein.

Der Punkt am Ende des Satzes sagt, daß der Satz am Ende ist. Schluß! Jetzt kommt ein neuer Gedanke oder eine neue Information. Er gliedert, ist aber kein Hinweis für die Aussprache oder die Satzmelodie.

Der Doppelpunkt ist der Trommelwirbel der geschriebenen Sprache. Er sagt uns: »Aufgepaßt, jetzt kommt etwas!« Einen ähnlichen Effekt kann man in der gesprochenen Sprache durch eine kleine Pause erzeugen. Sie kündigt ebenfalls etwas an – etwa eine direkte Rede.

Wir könnten auch mit der indirekten Rede arbeiten, aber damit zerstörten wir einiges – beim Witz.

**Ein Mann kommt zum Doktor – mit 'nem Messer im Bauch. Da fragt ihn der Arzt, ob es ihm weh tue, worauf der Mann erwidert, daß es ihm nur weh tue, wenn er lache.**

Man merkt sofort, daß es so nicht geht. Wir brauchen also beim Witz die direkte Rede und deshalb auch Doppelpunkt und Anführungszeichen.

Das Fragezeichen ist eigentlich unnötig, denn wir erfahren insgesamt dreimal (!), daß es sich bei »Tut's weh?« um eine Frage handelt:

1. durch das Wort »fragt«,
2. durch die Satzstellung »Tut's weh« statt »Es tut weh«,
3. durch das Fragezeichen.

Die geschriebene Sprache traut der gesprochenen Sprache nicht allzusehr. Sie fürchtet, wir würden schlichtweg vergessen, bei »weh« mit der Stimme hochzugehen. Ein bißchen kann man sie verstehen, zumal wir bei direkter Rede auch den Urheber weglassen können. Das liest sich dann so:

**Kommt ein Mann zum Doktor – mit 'nem Messer im Bauch.**
**»Tut's weh?«**
**»Nöö, nur wenn ich lache.«**

Eigentlich genügt das. Wir wissen, wer was sagt. Und allein darauf kommt es an. »Fragt« und »sagt« verdoppeln, aber auch das ist manchmal notwendig. – Oft aber auch nicht! Etwa wenn uns bei Texten das ständige »sagte er« stört. Da sollte man sich nicht zuerst bemühen, andere Worte zu finden, etwa »ärgerte er sich«, »hauchte sie« und »entgegnete der Abgeordnete«. Solche Formulierungen sind nicht sehr elegant. Man merkt die Absicht (nicht immer »sagte er« zu sagen), und man ist verstimmt. Ein guter Dialog zeichnet sich dadurch aus, daß man durch den Inhalt, die Wortwahl und die Satzstellung erfährt, ob jemand schreit, befiehlt oder fragt. Wir wissen doch alle, daß man »Hilfe« ruft und »Stillgestanden« schreit. Manchmal ist sogar »sagte er« besser als der krampfhafte Wechsel von wispern, flüstern, melden, entgegnen, vermerken usw.

Werfen wir noch einen kurzen Blick auf einige Wörter, bevor wir uns dem wichtigsten dramaturgischen Element zuwenden, der Pointe.

1. Der Mann kommt zweimal vor – mit dem gleichen Namen: Mann. Er wird nicht näher beschrieben.
2. Der Mediziner ist zuerst »Doktor« und dann »Arzt«. Der Autor wechselt nicht nur ab, er wird auch konkreter. Bei einem Doktor kann es sich auch um einen Theologen, einen Naturwissenschaftler oder einen Byzantinisten handeln. Wenn man es genau nimmt. Allerdings sind in der Umgangssprache »Doktor« und »Arzt« synonym.

Der Wechsel von »Doktor« zu »Arzt« ist in diesem Witz nicht unbedingt notwendig. Man sollte auch nicht zu oft wechseln. Wir alle kennen die Sportreporter, die zuerst »1. FC Köln« sagen und dann krampfhaft nach anderen Bezeichnungen suchen. »Die Kölner«, das geht ja noch, aber »die Mannen vom Rhein«, »die Geißböcke« und »die Domstädter« wirken doch recht albern.

Angenommen, wir würden unseren Witz zu einem Roman verlängern. So etwas geht! Auf eine ähnliche Art ist das bekannteste Werk von Kurt Götz entstanden. Er wettete einmal, daß er aus jeder Kurzgeschichte ein abendfüllendes Stück machen könne und schrieb dann »Das Haus in Montevideo«. In einer längeren Erzählung müßten wir öfter den Doktor erwähnen. Dann hätte er auch sicher einen Namen. Wir hätten also verschiedene Möglichkeiten:

- **Dr. Wilhelm Seeberg**
- **Dr. Seeberg**
- **Wilhelm**
- **Willi**
- **der Doktor**
- **der Arzt**
- **der Mediziner**
- **der Mann mit dein weißen Kittel (vielleicht?)**

Wir würden abwechseln. Nicht willkürlich, klar, sondern jeweils mit passenden Begriffen:

- **Dr. Wilhelm Seeberg**
  Die Formulierung klingt neutral, aber auch offiziell: »Dr. Wilhelm Seeberg kandidiert für den Stadtrat.«
- **Dr. Seeberg**
  Das ist nichts anderes als die Kurzfassung von »Dr. Wilhelm Seeberg«: »Dr. Seeberg enthielt sich der Stimme.«
- **Wilhelm**
  So nennt ihn seine Frau: »Wilhelm, bringst Du bitte die Flasche ins Wohnzimmer?«
- **Willi**
  Das sagt der alte Studienkollege: »Menschenskind Willi, erinnerst du dich noch an den alten Professor Mühlheim?«
- **der Doktor**
  Das sagt die Inspektorenwitwe Henriette Habermann im Wartezimmer: »Ich bin mal gespannt, was mir der Doktor heute verschreibt.«
- **der Arzt**
  Das klingt schon kompetenter, und man kann sogar einen gewissen Anspruch heraushören: »Als Arzt muß er

selbstverständlich mehr in seinem Wagen haben als einen schnöden Verbandskasten.«

– **der Mediziner**
Diesen Begriff könnte man zum Beispiel gebrauchen, um unseren Doktor von anderen Akademikern abzugrenzen: »Als Mediziner hat er eine ganz andere Auffassung zum Paragraphen 218 als ein Jurist oder ein Theologe.«

– **der Mann mit dem weißen Kittel (vielleicht?)**
Das klingt ominös. Da bleiben noch Fragen offen. Ist es überhaupt ein richtiger Arzt? Was hat er vor? – Eine solche Formulierung ist in Sätzen denkbar wie: »Durch seine merkwürdigen Selbstgespräche machte der Mann mit dem weißen Kittel die gesamte Station unsicher.«

Sinn des Witzes ist es, ein »Nießen des Gehirns« zu erzeugen. Ein Witz, über den wir nicht lachen können, ist keiner.

## Wodurch entsteht die Pointe?

Ich weiß, ich weiß … mittlerweile kann man überhaupt nicht mehr über den Witz lachen, noch nicht einmal mehr schmunzeln. Wir haben uns zu eingehend damit beschäftigt und ihn dadurch »abgenutzt«. Das heißt: es gibt keine überraschende Wendung mehr, und davon lebt schließlich der Witz. Doch unsere kleine Geschichte hat sogar drei Überraschungen parat. Sie steigern sich sogar.

1. **Ein Mann kommt zum Doktor – mit 'nem Messer im Bauch.**
   (Das geschieht nicht so oft.)

2. **Fragt der Arzt: »Tut's weh?«**
   (Das ist ebenfalls extrem unüblich.)

3. **Sagt der Mann: »Nöö, nur wenn ich lache.«**
   (Auch das passiert nie.)

Das Unübliche allein macht noch keine Pointe. Wir lachen ja auch nicht über einen japanischen Touristen ohne Fotoapparat, über einen weltgewandten Buchhalter oder über ein Dorf ohne Kirche. Solche merkwürdigen Kombinationen wecken eher unsere Neugier.

Zu einem Witz gehört wesentlich mehr. Oft hat er mit Tabus zu tun, etwa mit Sexualität, mit Tod oder – wie in unserem Fall – mit Schmerzen. Ein Witz kann Dinge aussprechen, die man normalerweise bestenfalls denkt. Dann erschrecken wir, und mit einem Zähnefletschen, sprich Lachen, kompensieren wir unsere Angst.

Wer's nicht glaubt, kann sich auf der Kirmes davon überzeugen. Beobachten Sie mal die Leute auf einer Berg-und-Tal-Bahn. Wann lachen sie? – Richtig! Nicht wenn die Bahn in der Waagerechten fährt, auch nicht wenn es rauf geht, sondern dann, wenn das Wägelchen nach unten schießt.

So etwas funktioniert auch in der Sprache. Auch da können wir Haken schlagen, indem wir zum Beispiel den Sprachstil wechseln. Rezitieren Sie doch mal den folgenden Satz:

**»Als sich das Licht im Geäst der Bäume brach, hatte die Gräfin die Faxen dick.«**

Zuerst führt uns der Satz in die Welt von Courths-Mahler, aber dann – bei dem Wort »Faxen« – kommt die überraschende Wendung, die Talfahrt. Wir erschrecken ein wenig, lachen dagegen an – und das nennt man Pointe.

Sigmund Freud hat den Witz aus psychoanalytischer Sicht sehr gut analysiert und dabei auf den Zusammenhang von Verschiebungen und Angst hingewiesen. Das alles muß man nicht wissen, wenn man einen Text schreibt. Für uns genügt es, wenn wir mit Überraschungen und bisweilen auch mal mit Sprachwitz arbeiten können. Übrigens auch bei Sachtexten, vor allem in der Werbung.

## Spannung muß sein

Sie ist die Schwester des Humors, denn ihr Elternpaar ist ebenfalls der Gegensatz. Spannung entsteht durch verschiedenartige Pole – genau wie in der Elektrizität. Bei Texten ist es ähnlich. Wenn zwei Dinge nicht zusammenpassen, dann werden wir neugierig.

Ein katholischer Bischof mag ein uninteressanter Mensch sein. Auch ein Meister im Bodybuilding ist vielleicht langweilig. Gewinnt aber der Bischof eine Meisterschaft in Bodybuilding, dann läuft dieses Ereignis weltweit durch die Nachrichtensendungen der Fernsehanstalten.

Vom Bundespräsidenten gibt es sehr viele Fotos. Wie ein Misthaufen aussieht, das wissen wir auch alle. Ein Bild mit dem Bundespräsidenten auf einem Misthaufen hätte große Chancen, Foto des Jahres zu werden.

Krimiautoren wissen das. Sie beginnen sehr gerne mit kurzen Sätzen (denn die machen uns neugierig, weil sie nicht viel verraten), und sie arbeiten mit Gegensätzen (weil die Geschichte dadurch spannend wird). Drei (konstruierte) Beispiele:

>**In Grönland kletterte das Thermometer auf über 30 Grad plus.**«

Wir lesen sofort weiter, weil wir mehr wissen wollen. Was ist da passiert? Hat das etwas mit dem Ozonloch zu tun? Oder gibt es einen anderen Grund.

>**Rothschild bettelte am liebsten in der Fußgängerzone.**«

Rothschild ein Bettler? – Das darf doch nicht wahr sein. Oder geht es da um die Sendung »Verstehen Sie Spaß«?

>**Der Domkapitular aß am liebsten Schweineschnitzel. Allerdings nur freitags.**«

Haben wir es da mit einem »sündigen Aussteiger« zu tun? Will er es der Heiligen Katholischen Kirche zeigen? Hat er »die Faxen dick«?

Das alles funktioniert auch in Sachtexten, zum Beispiel bei einem Mailing.

– **»Mit unserem Staubsauger sparen Sie täglich einen Rubel.«**
Wieso Rubel? – Der ist doch nichts mehr wert? – Mal weiterlesen ...

– **»Mit Hilfe unseres Computerprogramms hätten die alten Griechen die Flugbahn zum Mond berechnen können.«**
Das glaube ich nicht? Vielleicht ist doch etwas dran ... Pythagoras und so ...? – Ich bin mal gespannt, wie die das begründen.

– **»In China ißt man unsere Leberwurst mit Stäbchen.«**
Das muß ja seltsam aussehen? Schmieren die Chinesen sie nicht auf das Brot? – Das interessiert mich.

Eine weitere Möglichkeit um Spannung zu erzeugen: Wir ziehen eine Information vor. Also nicht, wie wir es in der Schule gelernt haben.

| ➡ statt: | 1. Einleitung |
| | 2. Hauptteil |
| | 3. Schluß |
| ➡ besser: | 1. Hauptteil I |
| | 2. Einleitung |
| | 3. Hauptteil II |
| | 4. Schluß |

Wir gehen sofort zur Sache. Da gibt es kein langes Herumge-
schreibsel. Wir fangen sofort an. Der Kundennutzen, der
Grund des Briefes und der Anlaß der Pressemeldung, das alles
gehört an den Anfang. Die Einleitung liefern wir nach.

Auch da können wir von den Krimiautoren lernen. Nehmen
wir mal an, eine Kriminalgeschichte spielt in Paris. Der Ausgangspunkt der Handlung: Ein ehemaliger polnischer Priester
soll angeblich eine junge Kunststudentin im Louvre ermordet
haben. Angenommen der Autor liebt Paris und hat vor, seinen
Leserinnen und Lesern die Schönheiten der Champs-Élysées
zu schildern.

Würde der Autor zuerst einen Sommertag in Paris schildern,
dann würde ein großer Prozentsatz der Leserinnen und Leser
gähnen und sich überlegen, ob es nicht doch vielleicht sinnvol-
ler wäre, mal im Fernsehprogrammheft zu blättern. Es sei
denn – und das ist mal wieder die Ausnahme –, die Schilde-
rung von Paris ist sehr, sehr gut.

Ein Krimiautor könnte zum Beispiel folgendermaßen beginnen:

> **»Als der Papst im Louvre Mona Lisa tötete, schien in
> Paris die Sonne.«**

Wir stutzen sofort. Wieso Papst? Wieso Mona Lisa? – Also
lesen wir weiter und erfahren sehr viel über die Atmosphäre in
Paris:

> **»Das Sommerlicht glitzerte auf den schwarzen Peugeots
> vor den Modehäusern, und amerikanische Touristen
> fielen über die Sandwichs der Bistros vor dem Arc de
> Triomphe her. Der Eiffelturm versteckte sich mal wieder
> hinter der Vertretung einer japanischen Bank, aber die
> jungen Paare bummelten wie in den großen Zeiten von
> Greco und Sartre über den Boulevard ...«**

Und so weiter, und so weiter ... Also: Einleitung. Und die
müssen wir unbedingt lesen, denn wir wollen ja wissen, was es
mit dem Papst und der Mona Lisa auf sich hat. Später kann

sich ja herausstellen, daß »Papst« und »Mona Lisa« nichts anderes sind als die Tarnnamen für den ehemaligen polnischen Priester und die junge Kunststudentin.

Die Verbindung von beidem – von dem spannenden Anfang bis zur überraschenden Auflösung – nennt man Spannungsbogen. Er hält die Geschichte zusammen, gibt ihr Dynamik und macht es wahrscheinlich, daß viele die Geschichte lesen und gutfinden.

Wer Informationen in fehlerlosem Deutsch aneinanderreiht, der macht noch keine Literatur. Dazu gehört weitaus mehr, unter anderem eine saubere Dramaturgie. Sonst fallen die Informationen auseinander. Diese aber brauchen Verbindungen, zum Beispiel durch ein Leitmotiv.

## Der rote Faden

In der Musik spricht man von einem »Leitmotiv«, in der Umgangssprache von einem »roten Faden«. Beide Begriffe meinen die gleiche Sache, wobei der »rote Faden« umfassender ist. Es ist sicher müßig, sie genau zu definieren. Für unser Anliegen genügt eine Art »Arbeitsdefinition«. Vorschlag: Alles, was in einem Text mindestens zweimal vorkommt, ist ein »roter Faden«, unabhängig davon, ob es um die Form oder um den Inhalt geht.

---

### Rote Fäden

a . . . . . . . . . . . . aaa . . . . . . . . . . . . . . . . . . a . . . . . . . . . . . . . . . . . . a

bb . . . . . . . . . . . . b . . . . . . . . . . . . . . bb . . . . . . . . . . . . . . . . . . . b

c . . . . . . . . . . . . . . . . . . . . . . . . . c . . . . . . . . . . . . . . . . . . . . . . . .

. . . . . . . . . . . . d . . . . . . . . . . . . . ddddd . . . . . . . . . . . . . . . . . . . .

---

Sammeln wir mal wahllos einige »rote Fäden und Fädchen«, zum Beispiel aus einem amerikanischen Vorabendkrimi.

**a** steht für den Kommissar
**b** für den Schauplatz »Hafen«
**c** für Verfolgungsjagd
**d** für Filmmusik

Wir sehen sofort, daß das Alphabet nicht ausreichen würde, um sämtliche »rote Fäden« zu bezeichnen. Sie alle sind notwendig, um eine »Und-und-und-Dramaturgie« zu verhindern: »Und dann geschah das, danach das, dann wieder das, und auf einmal passierte das ...« Manche Menschen reden so, und wir hören ihnen nicht oder nur sehr ungern zu. In einem Film oder einem Text hat diese »Und-und-und-Dramaturgie« nichts zu suchen, ganz egal, ob es sich um einen Werbe- oder Pressetext handelt, um einen Brief oder um ein Redemanuskript. Da brauchen wir mehrere rote Fäden, und als Seil zusammengeflochten, halten sie schon einiges aus.

Wir schon einmal betoniert hat, der weiß, wie wichtig dabei das Eisen ist. Es hat eine ähnliche Funktion.

Überall ziehen sich Dinge wie ein roter Faden durch – die Eifersucht durch die Liebschaften von Susi, die glücklichen Zufälle durch die Karriere von Holger und das ständige Kränkeln durch das Leben der Hundertjährigen.

Selbstverständlich gilt das alles auch für Werbetexte. Angenommen, wir schreiben ein Mailing, bei dem der Kundennutzen eines Produktes eine große Rolle spielt. Die Ausgangslage: Jeder »Chef« (was immer das heißen mag) diktiert täglich 1,5 Stunden. Er könnte durch vernünftige Textbausteine und eine aktuelle Korrespondenzmappe mindestens eine Stunde Zeit einsparen, also im Jahr etwa 300 Stunden. Das macht bei einer 50-Stunden-Woche insgesamt 6 Wochen.

Klingt logisch. Aber wie sage ich das meinen Wunschkunden? – Wenn ich das Argument nur einmal bringe, dann überlesen sie es vielleicht. Bringe ich es mehrmals, dann gehe ich ihnen auf die Nerven.

Die Lösung: Der Kundennutzen kommt an mehren Stellen vor, jeweils in einer anderen Form. Schon vor der Anrede könnte man zum Beispiel Spannung erzeugen durch Sätze wie:

>**Wir sagen Ihnen, wie Sie Ihren Urlaub verdoppeln können.**«

Am Anfang des Briefes bringen wir das Zahlenbeispiel von oben. Mitten im Brief eine Statistik mit einem Schaubild. Zum Schluß zitieren wir einen unserer Kunden, der in der gesparten Zeit ein Buch über Time-Management geschrieben hat.
Der Kundennutzen zieht sich also wie ein roter Faden durch das Mailing.

## Der wichtigste Trick der Autoren

Eigentlich sollte man keine Tricks verraten. Die Kollegen sind sauer, man gilt als Verräter, und die Leser und Zuschauer stöhnen: »Aaach, so einfach ist das.«
Tricks wirken nur, wenn man sie nicht durchschaut. Stimmt ja, aber mittlerweile verrate ich sogar Zaubertricks (nachdem ich eine Zeitung in der Luft zerrissen und zusammengeknüllt habe, sie wieder auseinandernehme und alle staunen, weil sie wieder ganz ist – und das alles mit aufgekrempelten Ärmeln).
In unserem Fall sollte man Tricks wirklich verraten, denn die wenigsten Autoren wissen, daß sie damit arbeiten. Sie beherrschen sie – wie andere die verschiedenen Arten der Fortbewegung. Beim Gehen, Schwimmen und Radfahren wissen wir ja auch nicht mehr, wie das funktioniert. Wir können es eben.
Also: Klauen wir mal bei den Schriftstellern, bei ihrer literarischen Kommunikation. – Wir könnten auch sagen: Klauen wir mal bei den sogenannten einfachen Leuten, denn sie beherrschen diese Kunst ebenfalls.

Der einfache Kommunikationsweg läuft folgendermaßen:

**Sender (S)** → **Empfänger (E)**

S sagt zum Beispiel, daß das Produkt E einen hohen Prestigewert hat. Beispiel: »Mit Rolex ist man wer.« Das kann nun E glauben oder auch nicht. Die Kommunikation ist einseitig. E arbeitet nicht daran mit.

---

Literarische Kommunikation läuft anders:

**Sender** **Beispiel** **Empfänger**

S verwendet ein Beispiel, und E abstrahiert wieder, ausgehend von diesem Beispiel. S sagt zum Beispiel: »In Cannes tragen fast alle eine Rolex«, und E schließt daraus: »Mit Rolex ist man wer.« Er hat selbst an dem Kommunikationsprozeß mitgearbeitet.

---

Für alle Hobbyköche: S liefert den Extrakt, E schüttet kochendes Wasser darauf, und fertig ist die Klare Brühe.
Kein Schriftsteller würde schreiben: »... eine schöne Frau.« Er schildert die Frau – ihre Figur, ihren Gang, ihre Gesichtszüge –, damit sich der Leser sagt: »Aaah, eine schöne Frau!«
So redet man auch in der Kneipe. Da heißt es nicht: »Das Frühstücksbüffet in unserem Urlaubsort war reichlich«, sondern: »Da gab es allein vier verschiedene Sorten Eier zum Frühstück.«
Zwischen den Autoren und den »einfachen Leuten« stehen häufig die Wissenschaftler, Lehrer und Juristen. Mit der Wahl »ihrer« Sprache wollen diese Berufsgruppen offensichtlich

auch ausdrücken, daß man kompetent und abstraktionsfähig ist.

Für werbliche Zwecke ist eine abstrakte Sprache nicht geeignet. Wer abstrakt argumentiert (»Unser Produkt ist gut«), muß heute mit der Opposition potentieller Kunden rechnen: »Das kann ja jeder sagen.« Mit diesem Satz wehren sie sich auch dagegen, daß der Werbende ihn nicht in den Kommunikationsprozeß einbezogen hat. Moderne Öffentlichkeitsarbeit heißt ja nicht, gut über sich selbst zu reden, sondern zu organisieren, daß andere ihre positive Meinung über einen verbreiten.

Besonders wichtig ist die literarische Kommunikation bei der geschriebenen Sprache, etwa im Brief. Da fehlt der direkte Ansprechpartner und somit auch die direkte Rückkoppelung. Aber auch bei einem geschriebenen Text kann man dem Leser Möglichkeiten bieten, »mitzureden«. Man muß sich bemühen, ihm genügend Spielraum zu geben, darf also nicht abstrakt argumentieren, sondern muß literarisch kommunizieren. Erst dann wird die Sprache plastisch.

## ÜBUNG 12

Schreiben Sie die folgenden Formulierungen in eine bildhafte Sprache um (literarische Kommunikation).

1. Erich war Klassenprimus.
2. Fräulein Meyer ist sehr alt. Als Lehrerin unterrichtete sie sämtliche Bewohner ihres Ortes. Sie ist sehr angesehen.
3. Im Urlaub glänzte Friedrich durch seine Körperkräfte.
4. Das Haus ist sehr alt. In diesem Jahrhundert wurde nichts verändert.
5. Thorsten ist ein Snob.
6. Otto Geldmacher war nicht nur so reich, daß er eine Segeljacht besaß. Er hatte auch großes handwerkliches Geschick.
7. Das Restaurant ist ein Haus der Spitzenklasse.
8. Der Maurerpolier aß am allerliebsten deftige Gerichte. Mit alternativer Ernährung konnte er nichts anfangen.

9. Die Frau von Dr. Meyer war jeden Nachmittag damit beschäftigt, ihre Tochter zu allen möglichen Kursen zu fahren.
10. Das Aussehen des Paters entsprach den allgemeinen Vorstellungen.
11. Die Landschaft in Südfrankreich war sehr schön.
12. Ich habe mich am Wochenende sehr gut erholt.
13. Das Lokal hatte französisches Flair.
14. Bei dem Festakt trafen sich bedeutende Persönlichkeiten aus dem kommunalen Bereich.
15. Auf Kritik reagierte er sehr empfindlich.
16. Die Musik bei dem Dorffest war sehr volkstümlich.
17. In unserem Büro geht es drunter und drüber.
18. Peter ist schüchtern.
19. Der neue Mitarbeiter hat eine umfassende Ausbildung.
20. Sie ist viel in der Welt herumgekommen.
21. Auf der Autobahn gab es einen Stau.
22. Unser Chef gibt sich sehr jugendlich.
23. Er liebt rustikale Mahlzeiten.
24. Holger ist sehr häuslich.
25. Das Auto ist sehr alt.
26. Regina ist eine schöne Frau.
27. Man sah Jörg an, daß er die Nacht durchgezecht hatte.
28. Man konnte deutlich spüren, daß es Herbst geworden war.
29. Der Bär ist ein Tier, das durch seine Schnelligkeit überrascht.
30. Er hatte sich ein riesiges Grundstück gekauft.

## ÜBUNG 13

Wo hat der Autor des folgenden Zeitungsartikels in die Trickkiste gegriffen? Wo gibt es

a) literarische Kommunikation?
b) Spannung?
c) rote Fäden?
d) Komik?

»Oberammergau ist die Hauptstadt von Deutschland. Dort treffen sich jedes Jahr Amerikaner, Japaner, Franzosen und deutschstämmige Bürger der ehemaligen UdSSR. Sie tauschen Erfahrungen und Patente aus, entwickeln neue Strategien für Medizintechnik und planen die Strategien für medizinische PC-Programme.

Sie treffen sich zum Symposium der ›Pharma-PC‹ und anschließend im ›Ochsen‹ und im ›Hirschen‹. Selbst bei Bier, Brezeln und Volksmusik geht der Austausch von wissenschaftlichen Indiskretionen weiter – zwischen dem amerikanischen Nobelpreisträger für Physik, dem japanischen Manager und dem französischen Staatssekretär für internationale Wissenschaftsbeziehungen. Besonderes interessant für alle Teilnehmer: die Beiträge der deutschstämmigen Informatiker aus der ehemaligen UdSSR. Sie referieren bereits seit Jahren über die ›Rolle der Informatik für die technologische Entwicklung der Medizintechnik östlich des Urals‹. Das Fehlen eines Dolmetschers hat sich dabei noch nicht als störend erwiesen. Auf die Frage von Prof. Dr. Dr. Christian Dupont von der Pariser Sorbonne, ob es überhaupt so etwas wie eine datengestützte medizinische Analyse in der Sowjetunion geben würde, antwortete der Leiter der Delegation extrem einsilbig: ›Njet.‹ – Die Kontakte und der Austausch in Oberammergau seien aber sehr wichtig.

Die übrigen Ergebnisse der Symposien sind aber so erstaunlich, daß die ›New York Times‹ im letzten Jahr schrieb: ›Oberammergau – die deutsche Hauptstadt der Pharmatechnologie.‹«

## ÜBUNG 14

Bitte die Kurzgeschichte »O Tannenbaum« genau lesen und folgende Fragen beantworten:

1. Wo und wie wird mit »literarischer Kommunikation« gearbeitet?
2. Welche verschiedenen Sprachebenen gibt es in der Geschichte? Wie werden sie eingesetzt?

3. Wie gestaltet der Autor die Exposition? Was erfahren wir über Raum, Zeit und Milieu?
4. Wie viele Personen gibt es in der Geschichte? Was erfahren wir über sie? Wodurch werden sie charakterisiert?
5. Mit welchen Spannungsbögen arbeitet der Autor?
6. Charakterisieren Sie die Sprache der Geschichte!
7. Welche Passagen haben mündlichen Charakter? Welche Rolle spielen dabei die Satzzeichen?
8. Wodurch entsteht die Komik der Geschichte?
9. Welche Sprachbilder gebraucht der Autor (Metapher)?
10. Wo verdichtet der Autor mit welchen Mitteln?
11. Wodurch ist die Pointe charakterisiert? Wie wird sie vorbereitet?
12. Was erfahren wir über den Autor?

## O Tannenbaum

Alle Jahre wieder, in der Vorweihnachtszeit, sagte meine Großmutter zu meinem Großvater, es wäre Zeit.

Mein Opa wußte dann, was zu tun sei. Er wusch sich lautstark, rasierte sich, schnitt sich dabei, verschwand im Schlafzimmer und kehrte nach fünf Minuten im feinen Anzug zurück.

»Fein« ist vielleicht etwas übertrieben. Er war sauber und ordentlich gekleidet. Der Anzug war etwas zu eng, Hemd und Krawatte außer Mode, aber er war so angezogen, daß jeder seine Absicht erkennen konnte.

Er kämmte sich, nahm den Fuchsschwanz, den ihm seine Frau zurechtgelegt hatte, versteckte ihn unter seiner Jacke, ließ sich geduldig abbürsten und ein frisches Taschentuch aufdrängen und verließ ohne Abschiedsgruß das Haus in Richtung Kirche. Dort verschwand er im Beichtstuhl mit der Aufschrift »Fremder Beichtvater«, blieb ein paar Minuten und kniete sich dann in eine Bank, um in auferlegter Buße zu versinken. Wenn er sich dabei bekreuzigte, preßte er seinen linken Arm an seinen Oberkörper, damit ihm der Fuchsschwanz nicht aus der Jacke fiel.

Entledigt aller Sünden, führte ihn sein Weg dann in das Tannenwäldchen zwischen Wiebelsweiler und Ingbach. Er suchte sich ein schönes, gerades Bäumchen aus, sah nach, ob der Förster nicht in der Nähe war, und er begann zu sägen.

Mein Großvater war bei dieser Tätigkeit nicht allein. Er hörte das Sägen anderer Christenmenschen aus unterschiedlichen Richtungen und unterschiedlichen Entfernungen, und auf dem Rückweg traf er Paul, den Tenor des Kirchenchores, seinen Kumpel Erich, der an Fronleichnam den Himmel trug, und seinen Namensvetter Peter, der bereits seit Jahren für die Durchführung der sonntäglichen Kollekte verantwortlich war. Alle mit Säge und Tannenbäumchen und – überflüssig zu erwähnen – alle gute Katholiken, die vorher ihre Weihnachtsbeichte abgelegt hatten.

So ging das. Alle Jahre wieder. Kurz vor Weihnachten. Bis Ende der fünfziger Jahre. Da saß mein Großvater vor der Beichte in der Wohnküche und dachte angestrengt nach. Seine schwiellgen Hände stützten seinen kantigen Schädel, während seine Frau das Gebäck für Weihnachten backte und schließlich zu ihm sagte: »Es wird Zeit.«

Er wusch und rasierte sich, er schnitt sich dabei – wie jedes Jahr –, er fluchte, verschwand im Schlafzimmer, und als er zurückkam, nahm er nur das Taschentuch. Den Fuchsschwanz ließ er liegen. Statt dessen wickelte er eine alte, grüne Jacke in Zeitungspapier und verließ mit dem Paket das Haus, um dem fremden Beichtvater seine Sünden zu beichten und um Buße zu tun. Danach ging er in den Wald, zog die grüne Jacke an und suchte sich einen Mitchristen aus, der gerade sein Tannenbäumchen für das Fest der Liebe absägte. Seine Wahl traf Paul, den hochnäsigen Tenor des Kirchenchores. Im Unterschied zu den anderen schien der besonders nervös zu sein. Er sägte hastig drauf los, und er schaute erst auf, als mein Großvater in sicherer Entfernung hustete. Genau in dem Moment, als das Bäumchen fiel. Paul sah nur die grüne Jacke, glaubte, es sei der Förster und rannte davon. Mein Großvater nahm das zurückgelassene Tannenbäumchen und ging nach Hause.

Im nächsten Jahr hatte er noch größeres Glück. Erich, der am Fronleichnamstag den Himmel trug, ließ sogar die Säge zurück.

Als mein Großvater zehn Jahre danach starb, fand mein Großonkel Alfons im Keller neun Fuchsschwänze und – von seinem letzten Weihnachtsfest her – eine Motorsäge.

# *Lösungsvorschläge*

## ÜBUNG 11

Bitte machen Sie aus den folgenden Sätzen jeweils mindestens zwei Sätze. Der erste Satz muß kürzer sein als eine Zeile.

Drei Beispiele:

1. Unser Riesling »Deidesheimer Nonnenglück«, der letztes Jahr die goldene Kammerpreismünze erhielt, hat auch dieses Jahr wieder große Chancen, diesen begehrten Preis zu erhalten.
   **Besser:**
   **Unser Riesling hat große Chancen. Letztes Jahr erhielt er...**
   **usw.**

2. Wenn Sie nähere Informationen über unsere Schreibseminare erhalten wollen, dann rufen Sie uns unter der Telefonnummer 06805/1002 an.
   **Besser:**
   **Rufen Sie uns an: 06805/1002. – Wir informieren Sie gerne**
   **über unsere Schreib-Seminare.**

3. Ihr Jubiläumsfest, zu dem Sie uns freundlicherweise eingeladen hatten, hat uns sehr gut gefallen.
   **Besser:**
   **Ihr Jubiläumsfest hat uns sehr gut gefallen. Vielen Dank für**
   **die Einladung.**

## ÜBUNG 12

Schreiben Sie die folgenden Formulierungen in eine bildhafte Sprache um (literarische Kommunikation).

1. Erich war Klassenprimus.
   **Erich saß in der ersten Reihe – mit Pickeln und Nickelbrille.**

2. Fräulein Meyer ist sehr alt. Als Lehrerin unterrichtete sie sämtliche Bewohner ihres Ortes. Sie ist sehr angesehen.

Fräulein Meyer unterrichtete bereits die Väter des Arztes und des Apothekers, des Notars und des Bürgermeisters. Für den Briefträger des Ortes, dessen Vater ebenfalls Schüler bei ihr war, erwies es sich als eine fast unlösbare Aufgabe, sämtliche Glückwunschkarten zu ihrem 90. Geburtstag allein zu transportieren.

3. Im Urlaub glänzte Friedrich durch seine Körperkräfte.
   **Wir hatten auf dem Weg ins Landesinnere den Wagenheber vergessen. Kein Problem! Friedrich war ja dabei.**

4. Das Haus ist sehr alt. In diesem Jahrhundert wurde nichts verändert.
   **Bereits um 1900 galt das Haus als extrem renovierungsbedürftig. Bisher machte sich noch niemand an diese Jahrhundertaufgabe heran.**

5. Thorsten ist ein Snob.
   **Thorsten kaufte seine Schuhe nur in Mailand, und ein Schneider aus London stellte 45 seiner Hemden her.**

6. Otto Geldmacher war nicht nur so reich, daß er eine Segeljacht besaß. Er hatte auch großes handwerkliches Geschick.
   **Den vergoldeten Anker seiner Jacht hatte Otto Geldmacher selbst geschmiedet.**
   (Dieses Beispiel zeigt, daß die literarische Kommunikation durchaus auch kürzer sein kann als der abstrakte Weg.)

7. Das Restaurant ist ein Haus der Spitzenklasse.
   **Das Haus steht im Gault Millan.**

8. Der Maurerpolier aß am allerliebsten deftige Gerichte. Mit alternativer Ernährung konnte er nichts anfangen.
   **Der Maurerpolier kaute sein überdimensionales Leberwurstbrot und erklärte souverän, daß man Körnergerichte gefälligst den Hühnern überlassen solle.**

9. Die Frau von Dr. Meyer war jeden Nachmittag damit beschäftigt, ihre Tochter zu allen möglichen Kursen zu fahren.

**Montags fuhr die Frau von Dr. Meyer ihre Tochter zum Klavierunterricht, dienstags zum Ballett, mittwochs zum Reiten, donnerstags zum Fechten, und freitags nachmittags hatten beide frei – für den Tanzkurs.**

10. Das Aussehen des Paters entsprach den allgemeinen Vorstellungen.
    **Irgendwoher kannte man ihn: Sah er aus wie der Pater auf einer Camembertschachtel oder wie der auf der Zweiliterflasche Lambrusco?**

11. Die Landschaft in Südfrankreich war sehr schön.
    **Zwischen den provenzalisehen Häusern und den Lavendelfeldern überwachte eine Garde von Zypressen den freien Blick aufs Meer.**

12. Ich habe mich am Wochenende sehr gut erholt.
    **Ich habe am Wochenende etwas getan, was ich schon immer mal machen wollte: nichts! – Das war mehr als notwendig.**

13. Das Lokal hatte französisches Flair.
    **Edith Piaf quälte sich auf dem Tonbandgerät, das über der Theke stand. Darunter mehrere Flaschen mit dem »gelben Kaffee der Franzosen«: mit Pastis.**

14. Bei dem Festakt trafen sich bedeutende Persönlichkeiten aus dem kommunalen Bereich.
    **Alles war da, was im Dorf keinen Rang und Namen hatte: dörfliche Größen aus Politik und Wirtschaft – Ernst, Erich und Horst.**

15. Auf Kritik reagierte er sehr empfindlich.
    **Jede Kritik förderte seine Durchblutung.**

16. Die Musik bei dem Dorffest war sehr volkstümlich.
    **Die »Original Schwarzwälder Musikanten« untermalten das Dorffest mit »Wufftata« und »Schnädderädäng«.**
    (Man kann durchaus auch mal eigene Wörter schaffen.)

17. In unserem Büro geht es drunter und drüber.
    **Die Akten, die Telefonschnur und der schreiende Buchhalter versperren einem den Weg zum Kopierer.**

18. Peter ist schüchtern.
    **Peter wird bereits rot, wenn er ein Wort mit weiblichem Artikel gebraucht.**
    (Warum nicht mal maßlos übertreiben?)

19. Der neue Mitarbeiter hat eine umfassende Ausbildung.
    **Seine Zeugnisse füllen allein schon seine Aktentasche.**

20. Sie ist viel in der Welt herumgekommen.
    **Lediglich für Südostaustralien konnte sie kein Hotel empfehlen.**

21. Auf der Autobahn gab es einen Stau.
    **Fünfhundert Autos standen vor dem Viernheimer Dreieck in der Schlange.**
    (Genaue Angaben sind ebenfalls wichtig für literarische Kommunikation.)

22. Unser Chef gibt sich sehr jugendlich.
    **Wegen des »Alf-Videos« kam unser Chef nicht dazu, seinen neuesten Game-Boy auszuprobieren.**

23. Er liebt rustikale Mahlzeiten.
    **Am liebsten würde er zum Eisbein Pfälzer Leberwurst essen.**

24. Holger ist sehr häuslich.
    **Für Holger ist der Weg in die Eckkneipe schon fast eine Weltreise.**

25. Das Auto ist sehr alt.
    **Er hatte es in jenem Jahr gekauft, als Kennedy ermordet wurde.**

26. Regina ist eine schöne Frau.
    **Wenn sie das Lokal betritt, drehen sich alle Männer um.**

27. Man sah Jörg an, daß er die Nacht durchgezecht hatte.
    **Jörg hatte am nächsten Morgen Ringe unter den Augen.**

28. Man konnte deutlich spüren, daß es Herbst geworden war.
    **Nur mit Hose und T-Shirt bekleidet, konnte man nicht mehr ins Freie gehen.**

29. Der Bär ist ein Tier, das durch seine Schnelligkeit überrascht.
    **Ein Schwarzbär läuft einhundert Meter in 7,9 Sekunden.**

30. Er hatte sich ein riesiges Grundstück gekauft.
**Er erzählte überall, daß er einen halben Tag brauche, um mit seinem Wagen um sein neues Grundstück herumzufahren.**
(Bei diesem Beispiel zeigt sich allerdings ein Problem der literarischen Kommunikation. Sie kann auch scheitern, zum Beispiel wenn der Kommunikationspartner solche Angebereien mißversteht. Er könnte zum Beispiel antworten: »Verstehe, so ein Auto hatte ich auch mal.«)

## ÜBUNG 13

Wo hat der Autor des folgenden Zeitungsartikels in die Trickkiste gegriffen? Wo gibt es

a) literarische Kommunikation?
b) Spannung?
c) rote Fäden?
d) Komik?

### Zu a): Wo gibt es literarische Kommunikation?

Der Artikel strotzt vor »literarischer Kommunikation«. Man merkt es sofort, wenn man ihn »zurückübersetzt« in eine abstrakte Sprache:

> **Oberammergau ist die Hauptstadt von Deutschland.«**

Oberammergau ist sehr, sehr wichtig. Dort treffen sich jedes Jahr Amerikaner, Japaner, Franzosen und deutschstämmige Bürger der ehemaligen UdSSR. Sie tauschen Erfahrungen und Patente aus, entwickeln neue Strategien für Medizintechnik und planen die Strategien für medizinische PC-Programme. Sie treffen sich zum Symposium der »Pharma-PC« und anschließend im »Ochsen« und im »Hirschen«.
Dort treffen sich jedes Jahr Wissenschaftler aus verschiedenen Ländern zu einem Symposium über Pharmatechnologie mit Freizeitprogramm.
Selbst bei Bier, Brezeln und Volksmusik geht der Austausch von wissenschaftlichen Indiskretionen weiter – zwischen dem amerikanischen Nobelpreisträger für Physik, dem japanischen Manager und dem französischen Staatssekretär für internationale Wissenschaftsbeziehungen.

Letzteres hat einen volkstümlichen Charakter und ermöglicht es, den Erfahrungsaustausch der international anerkannten Kapazitäten fortzusetzen.

Besonderes interessant für alle Teilnehmer: die Beiträge der deutschstämmigen Informatiker aus der ehemaligen UdSSR. Sie referieren bereits seit Jahren über die »Rolle der Informatik für die technologische Entwicklung der Medizintechnik östlich des Urals«. Das Fehlen eines Dolmetschers hat sich dabei noch nicht als störend erwiesen. Auf die Frage von Prof. Dr. Dr. Christian Dupont von der Pariser Sorbonne, ob es überhaupt so etwas wie eine datengestützte medizinische Analyse in der ehemaligen Sowjetunion geben würde, antwortete der Leiter der Delegation extrem einsilbig: »Njet.« – Die Kontakte und der Austausch in Oberammergau seien aber sehr wichtig.

Als rückständig erweist sich dabei seit Jahren der Stand der Informatik in der ehemaligen UdSSR, wodurch bisweilen an Komik grenzende Situationen entstehen. Die übrigen Ergebnisse der Symposien sind aber so erstaunlich, daß die

> »›New York Times‹ im letzten Jahr schrieb: ›Oberammergau – die deutsche Hauptstadt der Pharma-Technologie.‹«

Das tut allerdings der internationalen Bedeutung des Symposiums für die Pharmatechnologie und für Oberammergau keinen Abbruch.

Wir sehen: die abstrakte Form ist wesentlich kürzer. Aber sie wirkt trocken, steril, und es gibt kein Augenzwinkern. Sie schränkt die Phantasie des Lesers ein und läßt keine Assoziationen und Vergleiche mit eigenen Erfahrungen zu. Allerdings gibt es auch Fälle, die einen solchen Stil rechtfertigen – etwa im Berichtswesen:

Oberammergau ist sehr wichtig. Dort treffen sich jedes Jahr Wissenschaftler aus verschiedenen Ländern zu einem Symposium über Pharmatechnologie. Das dazugehörende Freizeitprogramm hat einen volkstümlichen Charakter und ermöglicht es, den Erfahrungsaustausch der international anerkannten Kapazitäten fortzusetzen. Als rückständig erweist sich dabei seit Jahren der Stand der Informatik in der ehemaligen UdSSR, wodurch bisweilen an Komik grenzende Situationen entstehen. Das tut allerdings der internationalen Bedeutung des Symposiums für die Pharmatechnologie und für Oberammergau keinen Abbruch.

## Zu b): Wo gibt es Spannung?

Um diese Frage zu beantworten, muß man sich in die Denkwelt des Lesers versetzen. Was könnte er an welcher Stelle denken? – Die möglichen Gedanken des Lesers stehen in Klammern.

### »Oberammergau ist die Hauptstadt von Deutschland.«

(So ein Quatsch! Das ist doch Blödsinn. Die deutsche Hauptstadt heißt doch Berlin. Das weiß doch jedes Kind. – Aber vielleicht soll das etwas anderes bedeuten? Mal sehen...)

Dort treffen sich jedes Jahr Amerikaner, Japaner, Franzosen und deutschstämmige Bürger der ehemaligen UdSSR. (Wozu?) Sie tauschen Erfahrungen und Patente aus entwickeln neue Strategien für Medizintechnik und planen die Strategien für medizinische PC-Programme. (Aha!) Sie treffen sich zum Symposium der »Pharma-PC« und anschließend im »Ochsen« und im »Hirschen«.

Selbst bei Bier, Brezeln und Volksmusik geht der Austausch von wissenschaftlichen Indiskretionen weiter – zwischen dem amerikanischen Nobelpreisträger für Physik, dem japanischen Manager und dem französischen Staatssekretär für internationale Wissenschaftsbeziehungen.

Besonderes interessant für alle Teilnehmer: die Beiträge der deutschstämmigen Informatiker aus der ehemaligen UdSSR. (Das kann ich mir überhaupt nicht vorstellen. Die sind doch bestimmt sehr rückständig. Vielleicht hat das der Autor auch ironisch gemeint. Mal sehen...)

Sie referieren bereits seit Jahren über die »Rolle der Informatik für die technologische Entwicklung der Medizintechnik östlich des Urals«. Das Fehlen eines Dolmetschers hat sich dabei noch nicht als störend erwiesen. (Aha, das war ironisch gemeint.) Auf die Frage von Prof. Dr. Dr. Christian Dupont von der Pariser Sorbonne, ob es überhaupt so etwas wie eine datengestützte medizinische Analyse in der ehemaligen Sowjetunion geben würde, antwortete der Leiter der Delegation extrem einsilbig: »Njet.« – Die Kontakte und der Austausch in Oberammergau seien aber sehr wichtig.

Die übrigen Ergebnisse der Symposien sind so aber erstaunlich, daß die »New York Times« im letzten Jahr schrieb: »Oberammergau – die deutsche Hauptstadt der Pharmatechnologie.« (So war das also gemeint mit der deutschen Hauptstadt).

In dem Artikel gibt es (mindestens) drei Spannungsbögen:

1. Der große Bogen – von Anfang bis Schluß:
   **»Oberammergau ist die Hauptstadt von Deutschland.«**
   Die offensichtlich »falsche« Information am Anfang macht neugierig. Erst am Ende löst der Autor die Spannung auf. Er relativiert die Aussage, indem er sie konkretisiert:
   **»Oberammergau – die deutsche Hauptstadt der Pharmatechnologie.«**

2. Eine weitere »Finte«:
   Der Autor spielt mit uns »Hase und Jagdhund«. Er lenkt uns in die falsche Richtung (ernst gemeint?):
   **»Besonderes interessant für alle Teilnehmer: die Beiträge der deutschstämmigen Informatiker aus der ehemaligen UdSSR.«**
   (Das kann ich mir überhaupt nicht vorstellen. Die sind doch bestimmt sehr rückständig. Vielleicht hat das der Autor auch ironisch gemeint. Mal sehen ...)
   Der Autor schlägt einen Bogen (Ironie):
   **»Sie referieren bereits seit Jahren über die ›Rolle der Informatik für die technologische Entwicklung der Medizintechnik östlich des Urals‹. Das Fehlen eines Dolmetschers hat sich dabei noch nicht als störend erwiesen. (Aha, das war ironisch gemeint.)«**
   Der Leser muß sich bemühen, wieder die Kurve zum Stil des Autors zu bekommen. Der Autor hat ihn »gepackt«.

3. Ein Beispiel für einen kleinen Bogen:
   **»Dort treffen sich jedes Jahr Amerikaner, Japaner, Franzosen und deutschstämmige Bürger der ehemaligen UdSSR. (Wozu?) Sie tauschen Erfahrungen und Patente ans, entwickeln neue Strategien für Medizintechnik und planen die Strategien für medizinische PC-Programme. (Aha!)«**
   Hätte der Autor alle Informationen in einen einzigen Satz gepackt, dann hätte er den Leser nicht so stark in den Kommunikationsprozeß einbezogen. Der Satz könnte ja auch folgendermaßen aussehen:
   **»Um Erfahrungen und Patente auszutauschen, um neue Strategien für Medizintechnik zu entwickeln und um die Strategien für medizinische PC-Programme zu planen, treffen sich dort jedes Jahr Amerikaner, Japaner, Franzosen und deutschstämmige Bürger der ehemaligen UdSSR.«**

Das ginge selbstverständlich auch; die Spannung wäre weg. Gerade die Summe von vielen kleinen Spannungsbögen kann dazu beitragen, einen Text ansprechend zu machen.

## Zu c): Wo gibt es rote Fäden?

1. Oberammergau:
Der Ort kommt zweimal vor – am Anfang und am Schluß.

2. der internationale Charakter:
»Dort treffen sich jedes Jahr Amerikaner, Japaner, Franzosen und deutschstämmige Bürger der ehemaligen UdSSR.«
»...zwischen dem amerikanischen Nobelpreisträger für Physik, dem japanischen Manager und dem französischen Staatssekretär für internationale Wissenschaftsbeziehungen.«
»...daß die ›New York Times‹...«

3. der Austausch von Erfahrungen:
»Sie tauschen Erfahrungen und Patente aus, entwickeln...«
»Selbst bei Bier, Brezeln und Volksmusik geht der Austausch von wissenschaftlichen Indiskretionen weiter.«
»Die Kontakte und der Austausch in Oberammergau seien aber sehr wichtig.«

4. Wissenschaftliches:
»...entwickeln neue Strategien für Medizintechnik und planen die Strategien für medizinische PC-Programme. Sie treffen sich zum Symposium der ›Pharma-PC‹...«
»...Rolle der Informatik für die technologische Entwicklung der Medizintechnik östlich des Urals.«
»...eine datengestützte medizinische Analyse...«

5. Volkstümliches:
»...anschließend im ›Ochsen‹ und im ›Hirschen‹.«
»Selbst bei Bier, Brezeln und Volksmusik...«

6. Ironie:
»...der Austausch von wissenschaftlichen Indiskretionen...«
»Besonderes interessant für alle Teilnehmer:...«
»Das Fehlen eines Dolmetschers hat sich dabei noch nicht als störend erwiesen.«
»...antwortete der Leiter der Delegation extrem einsilbig: ›Njet.‹«

7. Zitate:
»**Rolle der Informatik für die technologische Entwicklung der Medizintechnik östlich des Urals**«
»**Njet**«
»**Oberammergau – die deutsche Hauptstadt der Pharmatechnologie**«

**Zu d): Wo gibt es Komik?**

Der Autor greift zu sechs klassischen Tricks, um Komik zu erzeugen:

1. Ironie:
»**Besonderes interessant für alle Teilnehmer: die Beiträge der deutschstämmigen Informatiker aus der ehemaligen UdSSR.**«

2. Literarische Kommunikation:
Durch die Details löst der Autor Assoziationen aus (»Das kann ich mir richtig vorstellen«), und die Leser freuen sich, weil sie das kennen oder zu kennen glauben.
»**Das Fehlen eines Dolmetschers hat sich dabei noch nicht als störend erwiesen.**«

3. Verbindung von Dingen, die vordergründig nicht zusammenpassen:
»**Sie treffen sich zum Symposium der ›Pharma-PC‹ und anschließend im ›Ochsen‹ und im ›Hirschen‹.**«
»**... der Austausch von wissenschaftlichen Indiskretionen.**«

4. Großer Anlauf zum kleinen Sprung:
Die Proportionen stimmen nicht: Ein langer Satz baut eine große Erwartungshaltung auf, aber das wörtliche Zitat (»Njet!«) ist bescheiden.
»**Auf die Frage von Prof. Dr. Dr. Christian Dupont von der Pariser Sorbonne, ob es überhaupt so etwas wie eine datengestützte medizinische Analyse in der ehemaligen Sowjetunion geben würde, antwortete der Leiter der Delegation extrem einsilbig: ›Njet.‹**«

5. Vom Sockel herunterholen:
Großes wird mit Kleinem konfrontiert. Das macht unsicher und fördert somit das Lächeln oder Schmunzeln – als Kompensation unserer Angst, an Hierarchischem zu scheitern.

»Sie treffen sich zum Symposium der ›Pharma-PC‹ und anschließend im ›Ochsen‹ und im ›Hirschen‹.«

6. Spiel mit der doppelten Bedeutung:
Sprachspiele werden dadurch erst möglich. Sie spekulieren auf unsere Angst, an der Sprache zu scheitern.
»…extrem einsilbig: ›Njet‹.«
Die Komik: Üblicherweise ist das Sprachbild »einsilbig« nicht wörtlich gemeint. Ausnahme: in unserem Fall.


## ÜBUNG 14

1. Wo und wie wird mit »literarischer Kommunikation« gearbeitet?

Einige Beispiele:

»Er wusch sich lautstark, rasierte sich, schnitt sich dabei, verschwand im Schlafzimmer und kehrte nach fünf Minuten im feinen Anzug zurück.«
statt: Er bereitete sich darauf vor, das Haus zu verlassen.

»Der Anzug war etwas zu eng, Hemd und Krawatte außer Mode…«
statt: Er war nicht modisch gekleidet.

»…ließ sich geduldig abbürsten und ein frisches Taschentuch aufdrängen…«
statt: Seine Frau kümmerte sich um ihn.

»Mein Großvater war bei dieser Tätigkeit nicht allein. Er hörte das Sägen anderer Christenmenschen aus unterschiedlichen Richtungen und unterschiedlichen Entfernungen…«
statt: Auch andere fromme Menschen stahlen Tannenbäumchen.

»…auf dem Rückweg traf er Paul, den Tenor des Kirchenchores, seinen Kumpel Erich, der an Fronleichnam den Himmel trug, und seinen Namensvetter Peter, der bereits seit Jahren für die Durchführung der sonntäglichen Kollekte verantwortlich war. Alle mit Säge und Tannenbäumchen und – überflüssig zu erwähnen – alle gute Katholiken, die vorher ihre Weihnachtsbeichte abgelegt hatten.«

**statt:** Die Katholiken stahlen Tannenbäumchen (bewußte Wiederholung).

»**Seine schwieligen Hände stützten seinen kantigen Schädel ...**«
**statt:** Er war ein rustikaler Typ.

»**Als mein Großvater zehn Jahre danach starb, fand mein Großonkel Alfons im Keller neun Fuchsschwänze und – von seinem letzten Weihnachtsfest her – eine Motorsäge.**«
**statt:** In den nächsten zehn Jahren wiederholte er den Vorgang.

2. Welche verschiedenen Sprachebenen gibt es in der Geschichte? Wie werden sie eingesetzt?

   a) Die erzählende des Autors:
      »**Alle Jahre wieder, in der Vorweihnachtszeit, sagte meine Großmutter zu meinem Großvater, es wäre Zeit.**«

   b) Die christliche, die der Autor ironisch gebraucht:
      »**Entledigt aller Sünden ...**«

   c) Die weihnachtliche:
      »**alle Jahre wieder**«

   d) Die direkte Rede:
      »**Es wird Zeit.**«

Die direkte Rede ist sehr sparsam eingesetzt. Sie kommt nur ein einziges Mal vor. Der Grund: Bei der Kurzgeschichte handelte es sich um eine Auftragsarbeit für eine westdeutsche Rundfunkanstalt. Die Geschichte sollte nicht nur kurz, populär und literarisch sein, sie sollte auch typisch sein für das Saarland, dabei aber auf Mundart verzichten! – Also: Weitgehender Verzicht auf direkte Rede, denn im Saarland reden die Menschen nun einmal nicht wie in der Tagesschau.

3. Wie gestaltet der Autor die Exposition?
   Was erfahren wir über Raum, Zeit und Milieu?

   **Raum:**
   Die Geschichte spielt in einem Bergmannsdorf.

**Zeit:**
Sie beginnt in den fünfziger Jahren und endet irgendwann Ende der sechziger Jahre.
**Milieu:**
Einfaches katholisches Bergmannsmilieu.

4. Wie viele Personen gibt es in der Geschichte? Was erfahren wir über sie? Wodurch werden sie charakterisiert?

**Acht**
(Großvater, Großmutter, der fremde Beichtvater, Paul, Erich, Peter, Alfons und der Autor).
Bei einer eventuellen Verfilmung könnte man auf den fremden Beichtvater verzichten.
Der Autor gehört dazu, denn es handelt sich um eine »Ich-Erzählung«. Man könnte sich vorstellen, daß der Autor als Erzähler sogar vor der Kamera erscheint oder »im Off«, also als erzählende Stimme, zum Beispiel am Anfang des Films.

**Zur Charakterisierung:**

**Großvater**
- durch sein Handeln
- durch Beschreibung
  (schwielige Hände, kantiger Schädel)
- Den Namen erfahren wir indirekt durch einen kleinen Kunstgriff
  (»...und seinen Namensvetter Peter«)
**Großmutter**
- durch ihre Hilfe
  (abbürsten, Taschentuch zurechtlegen)
- durch sparsames Reden
  (»Es wird Zeit.«)
**Der fremde Beichtvater**
- nur durch seine Bezeichnung
**Paul**
- durch Funktion in der Kirchengemeinde (Tenor des Kirchenchores)
- durch Beschreibung
  (nervös)

**Erich**
- durch Funktion in der Kirchengemeinde
  (der an Fronleichnam den Himmel trug)
- durch Beruf
  (Kumpel = Bergmann)

**Peter**
- durch Funktion in der Kirchengemeinde
  (»... der bereits seit Jahren für die Durchführung der sonntäglichen Kollekte verantwortlich war.«)

**Alfons**
- durch Verwandtschaftsbeziehung (Großonkel)

**Der Autor**
- durch die Geschichte (Aussage, Stil, Sprache)

Weitere Informationen über die Personen entstehen in unserem Gehirn, weil wir gewisse Vorstellungen von solchen Personen haben, zum Beispiel aus eigener Erfahrung, aus Filmen oder aus unserer Phantasie heraus. Sehr oft sind diese Vorstellungen Klischees, oder sie leiten sich direkt oder indirekt aus unserer Biographie und unserer Erfahrungswelt ab (»Der Opa, das war bestimmt so einer wie der Meyer, der einmal neben uns gewohnt hat« oder »die Oma, die könnte von Inge Meysel dargestellt werden«). Deshalb sind wir ja auch meistens enttäuscht, wenn wir uns die Verfilmung eines Romans ansehen. Der Drehbuchautor kannte eben nicht Herrn Meyer, und Inge Meysel stand ihm für die Rolle nicht mehr zur Verfügung. Außerdem dachte er bei der Großmutter eher an die alte Waschfrau, die früher jeden Dienstag bei seiner Mutter vorbeischaute...

5. Mit welchen Spannungsbögen arbeitet der Autor? Wir versuchen mal wieder, uns in einen mitdenkenden Leser zu versetzen. Seine möglichen Gedanken – im »Zeitlupentempo« – stehen in Klammern:

**O Tannenbaum**
(Wohl eine Weihnachtsgeschichte? Mal sehen...)
**Alle Jahre wieder, in der Vorweihnachtszeit, sagte meine Großmutter zu meinem Großvater, es wäre Zeit.** (Wozu?)
**Mein Opa wußte dann, was zu tun sei.** (Was?) **Er wusch sich**

lautstark, rasierte sich, schnitt sich dabei, verschwand im Schlafzimmer und kehrte nach fünf Minuten im feinen Anzug zurück. (Was der wohl vorhat?)

»Fein« ist vielleicht etwas übertrieben. Er war sauber und ordentlich gekleidet. Der Anzug war etwas zu eng, Hemd und Krawatte außer Mode, aber er war so angezogen, daß jeder seine Absicht erkennen konnte. (Welche Absicht?)

Er kämmte sich, nahm den Fuchsschwanz, (Wieso Fuchsschwanz? Das ist doch seltsam...) den ihm seine Frau zurechtgelegt hatte, versteckte ihn unter seiner Jacke, (Der hat bestimmt etwas vor. Aber was?) ließ sich geduldig abbürsten und ein frisches Taschentuch aufdrängen und verließ ohne Abschiedsgruß das Haus in Richtung Kirche. (Was macht der mit dem Fuchsschwanz in der Kirche?) Dort verschwand er im Beichtstuhl mit der Aufschrift »Fremder Beichtvater«, blieb ein paar Minuten und kniete sich dann in eine Bank, um in auferlegter Buße zu versinken. Wenn er sich dabei bekreuzigte, preßte er seinen linken Arm an seinen Oberkörper, damit ihm der Fuchsschwanz nicht aus der Jacke fiel. (Aaah, den Fuchsschwanz braucht er wohl für später.)

Entledigt aller Sünden, führte ihn sein Weg dann in das Tannenwäldchen zwischen Wiebelsweiler und Ingbach. (Verstanden! Der will ein Tannenbäumchen absägen.) Er suchte sich ein schönes, gerades Bäumchen aus, sah nach, ob der Förster nicht in der Nähe war, und er begann zu sägen. (Hoffentlich wird er nicht erwischt!)

Mein Großvater war bei dieser Tätigkeit nicht allein. (Wieso?) Er hörte das Sägen anderer Christenmenschen aus unterschiedlichen Richtungen und unterschiedlichen Entfernungen, (Ach so!) und auf dem Rückweg traf er Paul, den Tenor des Kirchenchores, seinen Kumpel Erich, der an Fronleichnam den Himmel trug, und seinen Namensvetter Peter, der bereits seit Jahren für die Durchführung der sonntäglichen Kollekte verantwortlich war. Alle mit Säge und Tannenbäumchen und – überflüssig zu erwähnen – alle gute Katholiken, die vorher ihre Weihnachtsbeichte abgelegt hatten.

(Hier könnte die Geschichte eigentlich aufhören, aber der Autor treibt sie weiter. Da muß also noch etwas kommen...)

So ging das. Alle Jahre wieder. Kurz vor Weihnachten. Bis

**Ende der fünfziger Jahre. Da saß mein Großvater vor der Beichte in der Wohnküche und dachte angestrengt nach.** (Worüber?) **Seine schwieligen Hände stützten seinen kantigen Schädel, während seine Frau das Gebäck für Weihnachten backte und schließlich zu ihm sagte: »Es wird Zeit.«** (Mal sehen, was jetzt passiert…)
**Er wusch und rasierte sich, er schnitt sich dabei – wie jedes Jahr –, er fluchte, verschwand im Schlafzimmer, und als er zurückkam, nahm er nur das Taschentuch. Den Fuchsschwanz ließ er liegen.** (Wieso denn das? Da bin ich aber mal gespannt.) **Statt dessen wickelte er eine alte, grüne Jacke in Zeitungspapier** (Was will er damit?) **und verließ mit dem Paket das Haus, um dem fremden Beichtvater seine Sünden zu beichten und um Buße zu tun. Danach ging er in den Wald, zog die grüne Jacke an** (Was soll denn das nun schon wieder?) **und suchte sich einen Mitchristen aus, der gerade sein Tannenbäumchen für das Fest der Liebe absägte. Seine Wahl traf Paul,** (Wieso »Wahl«?) **den hochnäsigen Tenor des Kirchenchores. Im Unterschied zu den anderen schien der besonders nervös zu sein. Er sägte hastig drauf los, und er schaute erst auf, als mein Großvater in sicherer Entfernung hustete.** (Wieso hustet der?) **Genau in dem Moment, als das Bäumchen fiel.** (Aaah, jetzt versteh ich…) **Paul sah nur die grüne Jacke, glaubte, es sei der Förster und rannte davon. Mein Großvater nahm das zurückgelassene Tannenbäumchen und ging nach Hause.**
**Im nächsten Jahr hatte er noch größeres Glück. Erich, der am Fronleichnamstag den Himmel trug, ließ sogar die Säge zurück.**
**Als mein Großvater zehn Jahre danach starb, fand mein Großonkel Alfons im Keller neun Fuchsschwänze und – von seinem letzten Weihnachtsfest her – eine Motorsäge.**

6. Charakterisieren Sie die Sprache der Geschichte!
   Die Sprache ist einfach und manchmal ironisch. Man könnte sich einen älteren Mann vorstellen, der an Weihnachten seinen Enkelkindern von früher erzählt.

7. Welche Passagen haben mündlichen Charakter? Welche Rolle spielen dabei die Satzzeichen?

Drei Beispiele:

»...und kehrte nach fünf Minuten im feinen Anzug zurück. – ›Fein‹ ist vielleicht etwas übertrieben. Er war sauber und ordentlich gekleidet...«

Eigentlich Unsinn. Wenn »fein« vielleicht etwas übertrieben ist, dann müßte der Autor doch den Satz vorher ändern! – Aber das ist typisch für eine Erzählsituation. Man wählt einen Begriff und relativiert ihn anschließend.

»...alle mit Säge und Tannenbäumchen und – überflüssig zu erwähnen – alle gute Katholiken, die vorher ihre Weihnachtsbeichte abgelegt hatten.«

Was soll die Formulierung »überflüssig zu erwähnen«? – Wenn dem so ist, kann man es ja auch weglassen. Stimmt! Aber auch hier gilt: typisch für eine Erzählsituation.

»So ging das. Alle Jahre wieder. Kurz vor Weihnachten. Bis Ende der fünfziger Jahre.«

Auch das ist ein typisches Element eines Erzählstils. Aus den vier kurzen Sätzen könnte man auch einen einzigen Satz machen, aber dann wäre der mündliche Charakter zerstört:

»Diese Handlung wiederholte sich bis Ende der fünfziger Jahre alljährlich in der Vorweihnachtszeit.«

Der Text arbeitet viel mit Gedankenstrichen, um Einschübe und Nachklapps zu markieren.

8. Wodurch entsteht die Komik der Geschichte?
Da paßt etwas nicht zusammen: der hohe moralische Anspruch und der Diebstahl. So etwas wirkt immer komisch. Man denke etwa an Don Camillo, der sich so gerne mit Peppone prügelte. Auch das fanden die Menschen komisch.

Ein weiterer Punkt – der Haken. Man denkt, der Großvater würde Reue zeigen, aber dann »rationalisiert er den Beschaffungsprozeß«.

9. Welche Sprachbilder (Metapher) gebraucht der Autor?
Einige Beispiele:

**O Tannenbaum** (Weihnachten)

**Alle Jahre wieder** (Weihnachten)

**Fuchsschwanz** (Handwerk, kann aber auch hinweisen auf »schlau wie ein Fuchs«)

**Entledigt aller Sünden** (Christentum)

**Christenmenschen** (Christentum)
**Buße zu tun** (Christentum)
**Mitchristen** (Christentum)
**Fest der Liebe** (Weihnachten)


10. Wo verdichtet der Autor mit welchen Mitteln?
Die Geschichte hat insgesamt fünf zeitliche Phasen:

**1. Phase (einige Stunden in der Vorweihnachtszeit):**
»Alle Jahre wieder, in der Vorweihnachtszeit, sagte meine Großmutter zu meinem Großvater, es wäre Zeit.
Mein Opa wußte dann, was zu tun sei. Er wusch sich lautstark,
rasierte sich, schnitt sich dabei, verschwand im Schlafzimmer und
kehrte nach fünf Minuten im feinen Anzug zurück.
›Fein‹ ist vielleicht etwas übertrieben. Er war sauber und ordentlich
gekleidet. Der Anzug war etwas zu eng, Hemd und Krawatte
außer Mode, aber er war so angezogen, daß jeder seine Absicht
erkennen konnte. Er kämmte sich, nahm den Fuchsschwanz, den
ihm seine Frau zurechtgelegt hatte, versteckte ihn unter seiner
Jacke, ließ sich geduldig abbürsten und ein frisches Taschentuch
aufdrängen und verließ ohne Abschiedsgruß das Haus in Richtung
Kirche. Dort verschwand er im Beichtstuhl mit der Aufschrift
›Fremder Beichtvater‹, blieb ein paar Minuten und kniete sich dann
in eine Bank, um in auferlegter Buße zu versinken. Wenn er sich
dabei bekreuzigte, preßte er seinen linken Arm an seinen Oberkörper, damit ihm der Fuchsschwanz nicht aus der Jacke fiel.
Entledigt aller Sünden, führte ihn sein Weg dann in das Tannenwäldchen zwischen Wiebelsweiler und Ingbach. Er suchte sich
ein schönes, gerades Bäumchen aus, sah nach, ob der Förster
nicht in der Nähe war, und er begann zu sägen.
Mein Großvater war bei dieser Tätigkeit nicht allein. Er hörte das
Sägen anderer Christenmenschen aus unterschiedlichen Richtungen und unterschiedlichen Entfernungen, und auf dem Rückweg
traf er Paul, den Tenor des Kirchenchores, seinen Kumpel Erich,
der an Fronleichnam den Himmel trug, und seinen Namensvetter
Peter, der bereits seit Jahren für die Durchführung der sonntäglichen Kollekte verantwortlich war. Alle mit Säge und Tannenbäumchen und – überflüssig zu erwähnen – alle gute Katholiken,
die vorher ihre Weihnachtsbeichte abgelegt hatten.«

## 2. Phase (einige Jahre):

»So ging das. Alle Jahre wieder. Kurz vor Weihnachten. Bis Ende der fünfziger Jahre.«

## 3. Phase (einige Stunden in der Vorweihnachtszeit):

»Da saß mein Großvater vor der Beichte in der Wohnküche und dachte angestrengt nach. Seine schwieligen Hände stützten seinen kantigen Schädel, während seine Frau das Gebäck für Weihnachten backte und schließlich zu ihm sagte: ›Es wird Zeit.‹
Er wusch und rasierte sich, er schnitt sich dabei – wie jedes Jahr –, er fluchte, verschwand im Schlafzimmer, und als er zurückkam, nahm er nur das Taschentuch. Den Fuchsschwanz ließ er liegen. Statt dessen wickelte er eine alte, grüne Jacke in Zeitungspapier und verließ mit dem Paket das Haus, um dem fremden Beichtvater seine Sünden zu beichten und um Buße zu tun. Danach ging er in den Wald, zog die grüne Jacke an und suchte sich einen Mitchristen aus, der gerade sein Tannenbäumchen für das Fest der Liebe absägte. Seine Wahl traf Paul, den hochnäsigen Tenor des Kirchenchores. Im Unterschied zu den anderen schien der besonders nervös zu sein. Er sägte hastig drauf los, und er schaute erst auf, als mein Großvater in sicherer Entfernung hustete. Genau in dem Moment, als das Bäumchen fiel. Paul sah nur die grüne Jacke, glaubte, es sei der Förster und rannte davon. Mein Großvater nahm das zurückgelassene Tannenbäumchen und ging nach Hause.«

## 4. Phase (einige Stunden in der Vorweihnachtszeit):

»Im nächsten Jahr hatte er noch größeres Glück. Erich, der am Fronleichnamstag den Himmel trug, ließ sogar die Säge zurück.«

## 5. Phase (zehn Jahre später):

»Als mein Großvater zehn Jahre danach starb, fand mein Großonkel Alfons im Keller neun Fuchsschwänze und – von seinem letzten Weihnachtsfest her – eine Motorsäge.«
Die erste und die dritte Phase entsprechen sich, die zweite, vierte und fünfte verdichten. Sie straffen die Handlung.

11. Wodurch ist die Pointe charakterisiert? Wie wird sie vorbereitet?
Die Pointe ergibt sich aus der überraschenden Handlung des Großvaters. Am Schluß gibt der Autor aber noch zwei drauf:

»Im nächsten Jahr hatte er noch größeres Glück. Erich, der am Fronleichnamstag den Himmel trug, ließ sogar die Säge zurück.«

(Er klaut sogar die Säge.)

»Als mein Großvater zehn Jahre danach starb, fand mein Großonkel Alfons im Keller neun Fuchsschwänze...«

(Nicht nur eine, sogar neun!!!)

»...und – von seinem letzten Weihnachtsfest her – eine Motorsäge.«

(Er ging offensichtlich mit der Zeit.)

12. Was erfahren wir über den Autor?

Er stammt aus diesem Milieu, beziehungsweise: Er kann es sich vorstellen. Er hat ein fast liebevoll-kritisches Verhältnis zur Doppelmoral der Katholischen Kirche. Er mag seinen Großvater, weil er die Kirche mehr oder weniger bewußt und äußerst kreativ und konkret entlarvte.

## 4

# KLEINE STILKUNDE

*Stil hat offensichtlich etwas mit Niveau zu tun. Ein Politiker hat Stil, eine Veranstaltung oder auch ein bestimmtes Verhalten. Wahrscheinlich bezieht sich der Stil noch nicht einmal auf die Höhe des Niveaus, sondern vor allem auf das Halten desselben. Wenn man einmal eine Richtung eingeschlagen hat, dann hat man gefälligst nicht abzuweichen und muß auf diesem Weg bleiben. Sonst hat man keinen Stil.*

*Ich vergleiche das sehr gerne mit der Musik. Dabei helfen mir allerdings nur einfache Lieder. Die Zwölftonmusik bietet wenige Beispiele, weil es ihr Stil ist, traditionelle Stile über den Haufen zu werfen. Gehen wir also von dem einfachen Lied aus, von dem Wanderlied, dem Song oder dem Schlager. Sie haben eine Melodie, einen bestimmten Rhythmus, und wir singen und spielen sie in einer bestimmten Tonart.*

*Ähnliches gilt für einen Text. Er klingt mal mehr, mal weniger melodisch, er ist in einem bestimmten Takt geschrieben, und er hat eine bestimmte Tonart. Diese sollten wir nicht unmotiviert verlassen. Wie gesagt: Möglich ist alles, aber wir wollen uns ja zuerst mit den Regeln beschäftigen, bevor wir uns mit den Ausnahmen auseinandersetzen ...*

*Worin besteht nun der Stil eines Textes? Er kann nüchtern sein oder farbig. Er kann formal sein oder lebendig. Er kann deftig sein oder vornehm. – Variationsmöglichkeiten gibt es viele. Ein Text kann und wird auch Verschiedenes miteinander mischen und verbinden. Auch das ist sinnvoll, wenn es – und das ist wichtig – einen Grund dafür gibt. Stilwechsel* und -brüche müssen motiviert sein, sonst handelt es sich um Willkür, um ein stilloses Durcheinander.

Wir haben bereits ein Beispiel kennengelernt, wie man den Stil innerhalb eines Satzes ändern kann: »Als sich das Licht im Geäst der Bäume brach, hatte die Gräfin die Faxen dick.« – Hier wird der Stilbruch sogar als Quelle der Komik genutzt. Unfreiwillige Komik kann entstehen, wenn wir nicht bei der eingeschlagenen Richtung bleiben oder – was genauso schlimm sein kann – wenn wir diese durchhalten, koste es, was es wolle.

Komisch wird es zum Beispiel, wenn wir uns bemühen, in »gehobenem Deutsch« Dialoge zu schreiben. Das Ergebnis sind die sogenannten Lehrerdramen. Sämtliche Hörspiel- und Fernsehspielredakteure können ein Lied davon singen. Auch die Theaterdramaturgen raufen sich die Haare, wenn Autoren – meistens handelt es sich um Amateure – sämtliche Akteure ihrer Stücke in antiquiertem Schriftdeutsch reden lassen.

Bei meinem ersten Theaterstück wäre mir beinahe dieser Fehler auch unterlaufen. Zusammen mit einem Kollegen schrieb ich für ein Landestheater ein historisches Bergarbeiter- stück, unter anderem mit Szenen vor Ort, unter Tage. Selbst- verständlich wollten wir »Literatur machen«, und Literatur hieß für uns damals: eine anspruchsvolle Sprache. Mein erster Dialogfetzen mißlang fürchterlich. Ich ließ einen nordsaarlän- dischen Bergmann zu einem Kollegen sagen: »Entschuldigung, würdest du mir mal bitte die Schaufel reichen?« – Damit wäre uns ein riesiger Lacherfolg sicher gewesen, denn so redet kein Mensch unter Tage. Da heißt es: »Schipp her!« – Also ein anderer Stil.

## Kommunizieren mit Stil

Bei Versicherungen reicht man sich Schilderungen von Schadensfällen herum, bei denen das Schicksal einige Zeitgenossen zu äußerst »gestylten« Sprachschöpfungen anregte. Man spürt die Mühe des Schreibers und freut sich über die unfreiwillige Komik, wenn es etwa bei der Vorgeschichte zu einer gefährlichen Körperverletzung heißt:

> »Mein Freund und Kollege Heinz arbeitete auf der Leiter mit Lötzinn. Ich selbst war am Fuße der Leiter gebückt tätig, als ihm ein Mißgeschick passierte und mir zum dritten Mal ein Tropfen heißen Lötzinns ins Genick träufelte. Daraufhin bat ich meinen Freund und Kollegen Heinz höflich und eindringlich: ›Lieber Heinz, es stünde dir sehr gut an, in Zukunft mehr Obacht betreffs des Auslaufens heißen Lötzinns walten zu lassen ...‹«

Halten wir fest:

– Der Stil muß passen.
– Er muß dem Thema und der Zielgruppe entsprechen.
– Stilwechsel und bewußte Kontraste müssen einen Grund haben.

Meistens sollte der Schreibstil konkret sein. Wer allgemein daherredet oder daherschreibt, hat Gründe dafür. Er will uns wichtige Informationen unterschlagen. Die meisten Dinge haben einen Namen, und warum sollte man das Kind nicht beim Namen nennen.

### ÜBUNG 15

Schreiben Sie den folgenden allgemeinen Text um:

   a) in die Geschichte eines jungen Paares,
   b) in die Geschichte eines älteren Paares.

Sie dürfen ausnahmsweise mit Klischees arbeiten. Der Text:

> **»Beide betraten das Lokal, aßen und tranken etwas, stiegen dann wieder in ihr Auto und fuhren in Urlaub.«**

Einen »guten Stil« kann man am besten negativ definieren. Das heißt: indem man Fehler vermeidet. Dabei denke ich weniger an Rechtschreibung, an Zeichensetzung oder an Grammatik. Das alles setze ich als selbstverständlich voraus. Fast alles kann man nachschlagen – im DUDEN. Ein sicher nicht sehr origineller Tip, aber es gibt nichts Besseres. Der DUDEN gehört für jeden professionellen Schreiber zum Handwerkszeug, und das ist wörtlich zu verstehen. Er muß ihn jederzeit »zur Hand« haben.

Kein Mensch ist fehlerfrei, und Autoren sind bekanntlich auch Menschen. Vor allem die Kreativen scheinen mit der Rechtschreibung und der Zeichensetzung auf Kriegsfuß zu stehen. Sie haben keine Chance, den Krieg zu gewinnen. Die Regeln sind stärker. Also hilft nur eins: nachschlagen und andere korrigieren lassen.

Mit einer »fehlerlosen« Schreibe allein ist es aber nicht getan. In unseren Textseminaren habe ich festgestellt, daß bestimmte stilistische Fehler immer wieder gemacht werden. Eigentlich sind es noch nicht einige Fehler, eher Schwächen. Wenn man sie beseitigt, dann verbessert sich der Schreibstil wesentlich. Das geht nicht immer, denn auch bei Stilfragen gibt es die berühmten Ausnahmen. Dennoch sollte man die allergrößten Sprachsünden vermeiden, vor allem, wenn man mit Kunden zu tun hat. Rein ästhetische Gründe reichen für die Bewertung nicht aus.

## Die acht Todsünden beim Texten

➡ *Vorreiter*

Beispiel: **»Ich möchte mich bei Ihnen bedanken«**, statt: **»Vielen Dank!«**

Vorreiter sind schlecht, weil sie um den heißen Brei herumreden.

### ➡ *passiver Stil*

Beispiel: »**Die Steuern werden erhöht**«,
statt: »**Die Bundesregierung erhöht die Steuern.**«

Es ist nicht schön, wenn sich das Hilfsverb »werden« in einem Text häuft.

Noch wichtiger: Die Konstruktion mit »werden« unterschlägt meistens den Urheber: in diesem Fall die Bundesregierung. Ein aktiver Stil wirkt auch aktiv, also positiv.

### ➡ *Redundanz*

Beispiel: »**Ich finde das jedenfalls gewissermaßen nicht gut**«, statt: »**Ich finde das nicht gut.**«

Auf Sprachschrott können wir verzichten. Warum unnötige Worte schreiben, statt sich auf das Wesentliche zu beschränken? – Außerdem hat man das Gefühl, daß man es mit einem Menschen zu tun hat, der nicht den Mut hat, seine Meinung zu äußern.

### ➡ *allgemeine Aussagen*

Beispiel: »**Das Frühstück entsprach nicht meinen Erwartungen**«,
statt: »**Der Kaffee war kalt, das Brötchen war trocken.**«

Konkrete Informationen sind fast immer besser als eine allgemeine Stellungnahme. Man weiß, wo man dran ist und kann Konsequenzen daraus ziehen.

### ➡ *zusammengesetzte Wörter*

Beispiel: »**Spurrillen**«,
statt: »**Spur-Rillen**« oder »**Rillen in der Spur.**«

Als ich das erste Mal das Hinweisschild »Spurrillen« sah, dachte ich an Würmer, die eventuell über die Straße laufen können und dadurch den Straßenverkehr gefährden ... Zusammengesetzte Wörter lassen sich schwerer erfassen. Deshalb: falls zum Verständnis nötig, Wörter auseinandernehmen oder mit Bindestrich arbeiten.

➡ *zu lange Sätze*

Beispiel: »**Vielleicht sollte ich mir einige Witze aufschreiben, damit ich immer einen parat habe, weil ich sie mir nicht merken kann, obwohl ich ein gutes Gedächtnis habe**«, statt: »**Ich kann mir keine Witze merken, obwohl ich ein gutes Gedächtnis habe. Vielleicht sollte ich mir einige aufschreiben, damit ich immer einen parat habe.**«

Kurze Sätze lesen sich besser. Sie gliedern die Gedanken klarer.

➡ *unnötige Wiederholungen*

Beispiel: »**Die Wohnung ist neu renoviert**«, statt: »**Die Wohnung ist renoviert.**«

Man sollte es kaum glauben: In fast jeder Zeitung findet man die Formulierung von der »neu renovierten« Wohnung. Die Makler scheinen besonders stolz auf die frische Farbe und neuen Alu-Fenster zu sein.

➡ *unnötige Hauptwörter*

Beispiel: »**Er beschäftigte sich mit der Verteilung der gespendeten Lebensmittel**«, statt: »**Er verteilte die gespendeten Lebensmittel.**«

Ein Verb wirkt immer aktiver und lebendiger als ein Substantiv. Allerdings gibt es auch hier wieder Ausnahmen. Manchmal hat die substantivische Version einen etwas anderen Sinn. »Er gab eine Erklärung ab« klingt zum Beispiel offizieller als »Er erklärte«.

109

## ÜBUNG 16

Bitte schreiben Sie die folgenden Sätze um. Dabei muß die »Todsünde« vermieden werden.

1. Todsünde: Vorreiter

   a) Es ist mir eine Freude, Ihnen mitteilen zu dürfen, daß Sie im Lotto gewonnen haben.
   b) Wir möchten Sie an unsere Einladung erinnern.
   c) Ich bin der Meinung, daß die Opposition davon überzeugt ist, daß es nicht ihr erklärtes Ziel sein kann, unsere Vorlage zur Kenntnis zu nehmen.

2. Todsünde: passiver Stil

   a) Der Stundenlohn wird um 5,5 Prozent erhöht.
   b) Der Wilddieb wurde vom Förster entdeckt, der dafür von seinem Regierungspräsidenten belobigt wurde.
   c) Montags werde ich von allen möglichen Leute angerufen.

3. Todsünde: Redundanz

   a) Als Professor hat er gewissermaßen kein richtiges Talent, um eine so schwierige, komplizierte handwerkliche Aufgabe wie das Reparieren eines defekten Staubsaugers entsprechend zu lösen.
   b) Der bekannte Schriftsteller Thomas Mann war sogar in den USA eine berühmte Persönlichkeit.
   c) Wir bitten Sie, Ihr Konto dahingehend auszugleichen, daß Sie in Zukunft keine Überziehungszinsen mehr beanspruchen müssen und nicht mehr im Minus stehen.

4. Todsünde: allgemeine Aussagen

   a) Von Ihnen steht noch ein kleinerer finanzieller Beitrag aus.
   b) Als sie die Gelegenheit für einen beruflichen Einstieg bei Siemens hatte, hatte sie sich gerade für ein Studium an einer Universität eingeschrieben.
   c) Wir sind ein international tätiges Unternehmen mit großer Erfahrung.

**5. Todsünde: zusammengesetzte Wörter**

a) Die Gerichtsprozeßkosten müssen wir selbst bezahlen.

b) Er richtete sich weder nach den Straßenverkehrsordnungsregeln noch nach den Verkehrsregeln.

c) Der Haushaltsexperte sprach über die Probleme, die sich
durch Gebührenerhöhungen ergeben.

**6. Todsünde: zu lange Sätze**

a) Unser Produkt »Mililosan«, das wir mit den Erfahrungen
unserer Mitarbeiter in jahrelangen Versuchen in unserem
Labor entwickelten, ist heute der wichtigste Umsatzträger
unseres Unternehmens.

b) Im Medienzentrum Wintringer Hof in Kleinblittersdorf bei
Saarbrücken trafen sich 1997 insgesamt viermal Mitarbeiterinnen und Mitarbeiter mehrerer Firmen zu einem Schreibtraining, bei dem manche sehr viel Spaß hatten, zumal das
Wetter im Sommer toll war und alle draußen sitzen konnten,
so daß man sogar darauf achten mußte, keinen Sonnenbrand zu bekommen, der ja sehr unangenehm sein kann,
zumal dann, wenn man ganze zwei Tage damit verbringen
muß oder möchte, die deutsche Sprache in den Griff zu bekommen, die ja so einige Tücken in sich birgt, was allen
Teilnehmerinnen und Teilnehmern spätestens am ersten
Abend beim Essen im benachbarten Frankreich klar geworden war.

**7. Todsünde: unnötige Wiederholungen**

a) »Mililosan« ist ein gutes Produkt bester Qualität.

b) Nicht wenige reiche Millionäre verbringen dreimal im Jahr
ihren Urlaub auf ihrer luxuriösen Luxusjacht in Cannes.

c) Sie sah die edle Vase im Foyer eines teuren Fünfsterne-
Hotels.

**8. Todsünde: unnötige Hauptwörter**

a) Wir danken Ihnen für Ihre Benachrichtigung und können
Ihnen hiermit die Mitteilung der Regulierung des Schadens
machen.

**b) Mit Sprachlosigkeit reagierte die Teilnehmerin des Seminars auf die Aufforderung, ihre Kritikpunkte zur Sprache zu bringen.**

**c) Mit der Beendigung dieser Übung folgt die Wiederholung des Hinweises, daß die Möglichkeit für Ausnahmeregelungen selbstverständlich immer Sinn macht.**

Manchmal hat man Glück im Leben und findet Menschen, die zu einem passen, mit denen man sich versteht. Ich habe zum Beispiel den besten Steuerberater westlich des Urals. Er hat sein Abitur an einem Musikgymnasium gemacht, und er setzt seine Kreativität um, wenn es darum geht, seinen Mandanten zu helfen. Er kennt den Unterschied zwischen einem Minervois und einem Fitou, er freut sich über einen Schmetterling, und sein schönstes Hobby sind liebe Menschen. Dabei kann er mit der linken Hand auf dem Taschenrechner die sieben Prozent Mehrwertsteuer aus achtzehntausendsiebenhundertfünfundachtzig Mark dreiundzwanzig herausrechnen und gleichzeitig von gegrillten Merguez mit Ratatouille schwärmen.
Ich kenne meinen Steuerberater bereits aus dem Sandkasten. Das stimmt. Wir spielten miteinander, gingen gemeinsam zur Volksschule (so hieß das damals noch), und wir blieben im gleichen Jahr sitzen. Irgendwann – kurz nach dem Studium – kreuzten sich wieder unsere Wege. Wir »standen« beide im Beruf, und er hält mir seit dieser Zeit den Steuerkram vom Hals. Dafür bekomme ich Rechnungen, und darüber ärgere ich mich. Nicht über die Höhe, sondern über die Formulierung: »Hiermit erlaube ich mir, Ihnen die Summe in Höhe …… DM zu liquidieren.«

– Warum siezt er mich plötzlich?
– Was »erlaubt« er sich eigentlich?
– Wieso will er mich (oder mein Geld) liquidieren?

Er könnte mir doch schreiben: Lieber Gerhard, ich habe meine Arbeit erledigt. Ich hoffe, Du bist zufrieden. Jetzt bist Du an

der Reihe: Überweise mir bitte ..... DM. – Aber nein, er erlaubt sich, mich zu liquidieren. Oder so ähnlich ...
Warum ich das erzähle?
Weil es typisch ist. Der Brief ist ein Vorgang mit Vorbild, und leider gibt es auch schlechte Vorbilder. Zum Beispiel die Bürokratie. Das Ergebnis ist dann absurd: Die Zahlen stimmen, aber die Sprache riecht nach »Willem Zwoo«. – Immerhin, wenn es um Zahlen geht, macht mein Steuerberater keinen einzigen Kommafehler! Und das rechne ich ihm auch hoch an – trotz »erlauben« und »liquidieren«.

## ÜBUNG 17

Die folgenden Zitate sind zum Teil konstruiert, zum Teil sind sie echte Funde – aus Telefonskripts und Mailings, aus Briefen und Tageszeitungen. Stellen Sie die Schwächen in den folgenden Sätzen fest und formulieren Sie neue, bessere Sätze.

1. Verglasungen mit Kunststoffplatten bieten sehr viele Anwendungsmöglichkeiten, denn durch die guten Schall- und Wärmedämmwerte beispielsweise hat man die Möglichkeit, Energie zu sparen und den Komfort zu verbessern.
2. Das Angebot richten wir nur an Kunden wie Sie, bei denen sich ein Vertrauensverhältnis aufgebaut hat.
3. Es ist nur sehr schwierig, Ihnen ein individuelles Angebot zu senden, ohne die örtlichen Gegebenheiten zu kennen.
4. Die zu treffenden Entscheidungen in diesem Bereich sind ja sehr weitreichend.
5. Es werden viele Reifen bei uns gekauft.
6. Das bedeutet ja auch, daß eine Unterstützung durch uns – in bezug auf die Kundenbindung – für Ihr Unternehmen ein interessantes Thema ist.
7. Haben Sie sich dazu schon einmal an die Versicherung, die Ihr Vertrauen verdient, gewandt?
8. Ich rufe im Auftrag von Herrn Dr. Roth, der sich mit Ihnen in Verbindung setzen will, an.
9. Wenn eine Investition Ihrerseits geplant ist, ist es Ihnen doch

sicher recht, wenn wir Ihnen noch einige Informationen dazu schicken.

10. In unserer Branche entfallen nun einmal 80 Prozent der Kosten auf Löhne und Gehälter. Hier darf es keine großen Unterschiede geben.
11. Gegenseitiges Vertrauen ist sehr wichtig.
12. Sie haben doch in den letzten Tagen ein Schreiben von uns erhalten. Darin geht es um die steigenden Umweltkosten. Darüber möchte ich mich mit Ihnen unterhalten. Ich komme gleich zum Punkt. Sie haben sicher wenig Zeit.
13. Die Geldbank rät ihren Kunden, die jetzt frei werdenden Raten für ihre geplante Vermögenserweiterung zu nutzen.
14. Das oben beschriebene Ergebnis führt zu der am Anfang des Textes angekündigten Hypothese.
15. Das Maklerbüro war sich einig, daß der meistbietende Käufer das neu renovierte Haus bald beziehen kann.
16. Der Ministerpräsident beauftragte den kürzlich zum Innenminister ernannten Parteivorsitzenden mit der Wahrnehmung seiner Aufgaben während seines seit langem angekündigten Krankenhausaufenthaltes.
17. Wir fuhren mit dem Auto, das ich letzten Monat gekauft hatte und mit dem ich sehr zufrieden hin, nicht nur weil es so wenig Benzin verbraucht, ab.
18. Da meine Frau schwer erkrankt ist und vorläufig im Krankenhaus bleiben muß, war ich zur Einstellung eines Kindermädchens gezwungen, da ich vier Kinder im Alter zwischen zwei und zwölf Jahren habe.
19. Ihrem Wunsch, Ihnen durch eine erneute Verlängerung einen weiteren Zahlungsaufschub zu gewähren, können wir nicht mehr nachkommen, weil wir die Fälligkeit Ihres Wechsels auf Ihre Bitte hin bereits zweimal verschoben haben.
20. In Anbetracht der Dringlichkeit dieser Angelegenheit wären wir Ihnen sehr dankbar, wenn Sie unserer Bitte in Kürze nachkommen könnten und so freundlich wären, uns alsbald Nachricht zu geben, ob Sie an einer Teilnahme Ihrerseits an unserer Tagung Interesse haben.
21. Anläßlich des letzten Besuches unseres Kundenberaters stellten Sie die Begleichung der fälligen Raten während der nächsten Tage in Aussicht.

22. Wir bitten höflichst um Überbringung der Unterlagen mittels Boten, um sofort nach Eingang derselben die Kontoprüfung veranlassen zu können.
23. Die Abgeordneten nahmen eine Beratung zur Gehwegeausbauverordnungsneuvorlage vor.
24. Die Umstrukturierung der Wirtschaft wurde in Gang gebracht.
25. Die Kursteilnehmer nahmen die Umformung der Sätze durch Ersetzen der Substantive durch Verben in Angriff.
26. Im nächsten Jahr steht ein neuer Anbau und eine Erweiterung des Museums auf alten Mauerfunden auf dem Programm.
27. Die Erweiterung des Neubaus findet auf dem Niveau des Schloßkellers statt.
28. Auf die Schlußfrage gab er seine positivste Erinnerung zur Antwort.
29. Auf der Pressekonferenz der IHK kamen die Branchenunterschiede in der Lehrlingsvergütung zur Sprache.
30. Die Siegermächte hielten eine Pressekonferenz zur Betonung der Notwendigkeit von Stabilität ab.
31. Er hatte die Gespräche zur Machbarkeit und Langfristigkeit der Wiedervereinigung geführt.
32. Es ging bei der Pressekonferenz um die Vorstellungen von Projekten zum Abbau von Langzeitarbeitslosigkeit.
33. Er hatte die Firmenpolitik auf Langfristigkeit der Umstrukturierung der Produktionskapazitäten angelegt.
34. Der Abgeordnete hatte die Kanalisierung von der Meinungsbildung zur Verhinderung eines Rechtsrucks in der Bevölkerung vor dem Landtagsausschuß zur Sprache gebracht.
35. In Anbetracht der Dringlichkeit dieser Angelegenheit wären wir Ihnen sehr dankbar, wenn Sie unserer Bitte in Kürze nachkommen könnten.
36. Zwecks Planung unserer Termine bitten wir um baldige Inkenntnissetzung Ihres Zeitrahmens.
37. Seitens der Betriebsleitung fand der Antrag keine Zustimmung.
38. Wir danken Ihnen für Ihre obengenannte Bestellung vom 15. 1. und sichern Ihnen fristgerechte Lieferung zu.

**39. In der Anlage finden Sie eine Auflistung unserer neuesten Produkte nebst Preisen.**
**40. Wir bitten höflichst um Übersendung der Kopien.**

## Die weiblichen Formen

Bevor wir den allgemeinen Teil des Buches beenden und uns den konkreten Kommunikationsbereichen zuwenden – einige Hinweis, die heute in einem Buch über Sprache nicht fehlen dürfen. Es geht um die weiblichen Formen. Nicht um die von Madonna oder Brigitte Bardot, sondern um die weiblichen Formen in der Sprache, um das weibliches Geschlecht.

Sie haben sicher gemerkt, daß ich Formen wie »LeserInnen« ablehne. Der Grund ist einfach: Man kann kein großes »I« sprechen. Manchmal genügt mir auch die männliche Form, also »Kunde« statt »Kundinnen und Kunden«. Dafür gibt es mehrere Gründe.

1. Die Aufteilung der Substantive in männlich, weiblich und sächlich ist sehr oft willkürlich. Ein Beispiel: Wieso sind »das Messer« sächlich, »die Gabel« weiblich und »der Löffel« männlich? – Das grammatische Geschlecht hat mit dem natürlichen soviel zu tun wie »Gustav« mit »Gasthof«. Also sehr wenig – obwohl der Klang ähnlich ist.

Wieso ist das Mädchen sächlich – und nicht weiblich? Selbst das Weib ist nicht feminin. In der Sprache.

Gleiches gilt für das Mitglied. Eine Fassung »Mitgliederinnen und Mitglieder« ist nicht möglich, weil das Neutrum keine weibliche Form kennt. Dennoch: In einem meiner Bücher gebrauchte ich einmal diese Formulierung – so sehr hatte mich die Frauenbewegung gestreßt ...

Selbst manche männliche Formen lassen sich nicht »verweiblichen«. Eine Begrüßung mit der Anrede »Liebe Gästinnen und Gäste« wirkt lächerlich.

2. »Der« und »die« haben auch im Plural wenig mit »männlich« und »weiblich« zu tun. Das sieht man ganz deutlich an dem folgenden Beispiel. In der Mehrzahl werden nämlich alle feminin. Da gibt es die Männer, die Gegner der Quotierung und die Machos und Chauvis.

3. Durch Verdoppelung bremsen wir den Sprachfluß. Angenommen, ich schreibe:

**»Nachdem die Nationalsozialistinnen und Nationalsozialisten 1933 an die Macht kamen, stellte sich bald heraus, daß die Faschistinnen und Faschisten sich sehr bald als Kriegstreiberinnen und Kriegstreiber entlarven werden.«**

Das klingt nicht gut, ist auch zum Teil falsch (weil die Frauen wirklich nicht stark vertreten waren). Solche Sätze werden auch von der Frauenbewegung nicht sehr gerne gehört. Das sollte man respektieren. Wenn es irgendwie geht, darf man nicht unterschlagen, daß die Menschheit zu über 50 Prozent aus Frauen besteht. Vor allem wenn es konkret wird.

Bei Stellenausschreibungen halte ich es für äußerst wichtig, daß man darauf hinweist: Mann oder Frau gesucht. Das muß man auch neuerdings. Dafür hat der Gesetzgeber gesorgt. Allerdings sollte man es auch dabei nicht übertreiben.
Eine Regierungsstelle schickte etwa meinem Friseur einen höflich-bestimmten Brief, weil er für seine Toupet-Kunden einen »Herrenfriseur« suchte. Die Männer mit dem Deckel über dem breiten Scheitel lassen sich nun mal lieber von einem Geschlechtsgenossen bedienen. Als er Wochen zuvor eine Sekretärin suchte, da vermißte er schmerzlich einen solchen Brief. Ein Anzeigentext mit der Formulierung »Sekretär/in« hätte theoretisch dazu führen können, daß sich ein Staatssekretär bei ihm bewirbt, um die Termine für die Kunden zu machen.

Ganz so einfach ist es also nicht. Meistens genügt das Prinzip: Wenn die männliche und weibliche Form notwendig und möglich sind, dann sind sie ein »Muß«. Allerdings nicht, wenn es absurd wird und wenn man damit den Sprachfluß zerstört. Damit ist niemand gedient, weder den Männern noch den Frauen.

# *Lösungsvorschläge*

## ÜBUNG 15

Der Text:
»Beide betraten das Lokal, aßen und tranken etwas, stiegen dann wieder in ihr Auto und fuhren in Urlaub.«

a) die Geschichte eines jungen Paares:
   »**Carsten und Silke stiefelten ins McDonald's, aßen zwei Hamburger, tranken zwei Cola, quetschten sich dann wieder in ihren alten 2 CV und bretterten ab in die Provence.**«

b) die Geschichte eines älteren Paares:
   »**Richard führte Klara in den ›Goldenen Hirschen‹. Sie speisten Wildragout mit Knödeln und Rotkraut, tranken dazu einen schweren Côte du Rhône, danach bestiegen sie ihren Mercedes Diesel und fuhren ins Allgäu.**«

## ÜBUNG 16

Bitte schreiben Sie die folgenden Sätze um. Dabei muß die »Todsünde« vermieden werden.

### 1. Todsünde: Vorreiter

a) »Es ist mir eine Freude Ihnen mitteilen zu dürfen, daß Sie im Lotto gewonnen haben.«
   **Vorschlag: Herzlichen Glückwunsch! Sie haben gewonnen!**
   **Begründung:** Der Gewinner freut sich ebenfalls.
   Indem man gratuliert, drückt man bereits aus, daß man sich mit dem Gewinner freut.
   »Mitteilen zu dürfen« ist antiquiert und unterwürfig.
   In einem solchen Fall darf und soll man auch direkt mit der Tür ins Haus fallen.

b) »Wir möchten Sie an unsere Einladung erinnern.«
   **Vorschlag: Vergessen Sie bitte nicht unsere Einladung!**
   **Begründung:** Wieso: »Wir möchten«? – Tun Sie's doch!

119

c) »Ich bin der Meinung, daß die Opposition davon überzeugt ist, daß es nicht ihr erklärtes Ziel sein kann, unsere Vorlage zur Kenntnis zu nehmen.«
**Vorschlag: Die Opposition will von unserer Vorlage nichts wissen.**
**Begründung:** In der Kurzfassung sind alle wichtigen Informationen.
Das ist nichts Besonderes bei einer Rede eines Politikers. Die Sätze vieler politischer Reden beginnen sehr oft mit Vorläufern, und nicht selten schaffen es die Damen und Herren, ihre ellenlangen Sätze mit weiteren Vorläufern »anzureichern«.

## 2. Todsünde: passiver Stil

a) »Der Stundenlohn wird um 5,5 Prozent erhöht.«
**Vorschlag: Die Geschäftsführung erhöht den Stundenlohn um 5,5 Prozent.**
**Begründung:** Warum sollte man denn unterschlagen, wer den Lohn erhöht? Außerdem klingt auch ein solcher Satz aktiver. Da wird nicht »irgendwie« etwas getan. Da tut sich etwas.
Der passive Stil kann sogar eine defensive Lebenseinstellung ausdrücken: »Es wird irgendwo von irgendwem irgend etwas getan. Darauf habe ich keinen Einfluß. Dem muß ich mich fügen.«

b) »Der Wilddieb wurde vom Förster entdeckt, der dafür von seinem Regierungspräsidenten belobigt wurde.«
**Vorschlag: Der Regierungspräsident belobigte den Förster, weil er den Wilddieb entdeckt hatte.**
**Begründung:** Bei der ursprünglichen Fassung weiß man noch nicht einmal, wen der Regierungspräsident belobigte (ein schreckliches Wort, aber das heißt wohl so im Behördendeutsch...).
Der aktive Satz ist übersichtlicher. Man vermeidet das Wort »wurde«, das in der Urfassung zweimal vorkommt.

c) »Montags werde ich von allen möglichen Leuten angerufen.«
**Vorschlag: Montags rufen mich alle möglichen Leute an.**
**Begründung:** Wirkt aktiver.
In diesem Fall kann man aber auch mit der passiven Fassung

arbeiten, wenn man vor allem ausdrücken will, daß man sich nicht dagegen wehren kann.

## 3. Todsünde: Redundanz

a) »Als Professor hat er gewissermaßen kein richtiges Talent, um eine so schwierige, komplizierte handwerkliche Aufgabe wie das Reparieren eines defekten Staubsaugers entsprechend zu lösen.«
**Vorschlag: Der Professor kann keinen Staubsauger reparieren.**
**Begründung:** Alles andere ist überflüssig.
Bei der Neufassung geht keine Information verloren.

b) »Der bekannte Schriftsteller Thomas Mann war sogar in den USA eine berühmte Persönlichkeit.«
**Vorschlag: Thomas Mann war auch in den USA berühmt.**
**Begründung:** Ein typisches Beispiel. Wie oft liest man im Lokalteil unserer Zeitung von dem »bekannten Maler Erich Syzmascik«. Wenn er wirklich bekannt ist, dann braucht man den Zusatz »bekannt« nicht. Kennt ihn aber niemand, dann ist der Zusatz »bekannt« schlichtweg eine Lüge. Also: weglassen.

c) »Wir bitten Sie, Ihr Konto dahingehend auszugleichen, daß Sie in Zukunft keine Überziehungszinsen mehr beanspruchen müssen und nicht mehr im Minus stehen.«
**Vorschlag: Bitte gleichen Sie Ihr Konto aus! Sie sparen dadurch Überziehungszinsen.**
**Begründung:** Das »...nicht mehr im Minus stehen« ist überflüssig.
Die Bank schickt solche Briefe ja nicht an Leute, die »im Plus stehen«.

## 4. Todsünde: allgemeine Aussagen

a) »Von Ihnen steht noch ein kleinerer finanzieller Beitrag aus.«
**Vorschlag: Sie haben noch DM 17,50 zu zahlen.**
**Begründung:** Konkret ist (fast) immer besser. Außerdem ist diese Fassung umgangssprachlich und korrekt. Wir vermeiden das gestelzte »steht aus«.

b) »Als sie die Gelegenheit für einen beruflichen Einstieg bei Siemens hatte, hatte sie sich gerade für ein Studium an einer Universität eingeschrieben.«

**Vorschlag: Petra Lehmann hätte im Mai in der Informatikabteilung anfangen können. Bei Siemens! Aber da hatte sie sich schon an der Universität Saarbrücken eingeschrieben – für Mathematik und Physik.**

**Begründung:** Nicht nur Menschen, auch Berufe, Abteilungen und Studienfächer haben Namen. Durch die beiden »Nachklapps« (»Bei Siemens!« und »für Mathematik und Physik«) spürt man das Engagement.

c) »Wir sind ein international tätiges Unternehmen mit großer Erfahrung.«

**Vorschlag: Unsere Niederlassungen in London, New York und Tunis gibt es bereits seit 1920.**

**Begründung:** Hier geht es mal wieder um literarische Kommunikation. Der Leser soll selbst zu der Einschätzung kommen (»international tätiges Unternehmen mit großer Erfahrung«).

Wir müssen ihn einbeziehen und dürfen ihm nichts vorschreiben.

### 5. Todsünde: zusammengesetzte Wörter

a) »Die Gerichtsprozeßkosten müssen wir selbst bezahlen.«
**Vorschlag:**
entweder: **Die Gerichtskosten müssen wir selbst bezahlen.**
oder: **Die Prozeßkosten müssen wir selbst bezahlen.**
**Begründung:** Unnötige Verdoppelung.
Die zweite Fassung ist besser, denn sie ist konkreter.

b) »Er richtete sich weder nach den Straßenverkehrsordnungsregeln noch nach den Verkehrsregeln.«
**Vorschlag: Er richtete sich nicht nach den Verkehrsregeln.**
**Begründung:** Es gibt keine »Straßenverkehrsordnungsregeln«, sondern nur eine Straßenverkehrsordnung.
Das Wort »Straßenverkehrsregeln« macht auch keinen Sinn, denn bei Verkehrsregeln denken doch relativ wenige Menschen an Sexualpraktiken. Man braucht sich also sprachlich nicht davon abzugrenzen.

c) »Der Haushaltsexperte sprach über die Probleme, die sich durch Gebührenerhöhungen ergeben.«

**Vorschlag:** So lassen!

**Begründung:** »Haushaltsexperte« und »Gebührenerhöhungen« sind eingeführte Fachbegriffe.

## 6. Todsünde: zu lange Sätze

a) »Unser Produkt ›Mililosan‹, das wir mit den Erfahrungen unserer Mitarbeiter in jahrelangen Versuchen in unserem Labor entwickelten, ist heute der wichtigste Umsatzträger unseres Unternehmens.«

**Vorschlag: »Mililosan« ist heute der wichtigste Umsatzträger unseres Unternehmens. Unsere Mitarbeiter haben es über Jahre entwickelt.**

**Begründung:** Diese Fassung ist leichter lesbar.

Unnötiges ist verschwunden. Man ahnt ja, daß die Mitarbeiter das Produkt im Labor – und nicht etwa in der Kantine – entwickelten.

b) »Im Medienzentrum Wintringer Hof in Kleinblittersdorf bei Saarbrücken trafen sich 1997 insgesamt viermal Mitarbeiterinnen und Mitarbeiter mehrerer Firmen zu einem Schreibtraining, bei dem manche sehr viel Spaß hatten, zumal das Wetter im Sommer toll war und alle draußen sitzen konnten, so daß man sogar darauf achten mußte, keinen Sonnenbrand zu bekommen, der ja sehr unangenehm sein kann, zumal dann, wenn man ganze zwei Tage damit verbringen muß oder möchte, die deutsche Sprache in den Griff zu bekommen, die ja so einige Tücken in sich birgt, was allen Teilnehmerinnen und Teilnehmern spätestens am ersten Abend beim Essen im benachbarten Frankreich klar geworden war.«

**Vorschlag: Insgesamt viermal trafen sich 1997 Mitarbeiterinnen und Mitarbeiter mehrerer Firmen zu einem Schreibtraining. Manche hatten sehr viel Spaß – im Medienzentrum Wintringer Hof, in Kleinblittersdorf bei Saarbrücken. Zumal das Wetter im Sommer toll war und alle draußen sitzen konnten. Sie mußten sogar darauf achten, keinen Sonnenbrand zu bekommen. Das kann sehr unangenehm sein, zumal dann, wenn man ganze zwei Tage**

**damit verbringen muß, die deutsche Sprache in den Griff
zu bekommen. Spätestens am ersten Abend, beim Essen
im benachbarten Frankreich, ist es allen Teilnehmerinnen
und Teilnehmern klar geworden, daß sie einige Tücken in
sich birgt.**
**Begründung:** Der Zusammenhang ist übersichtlicher, denn die
Gedanken sind jetzt geordnet. Wir haben die Sätze getrennt
durch Punkt, durch Bindestrich und durch Doppelpunkt. Außer-
dem haben wir einmal ganz einfach einen Punkt durch ein
Komma ersetzt:
»Manche hatten sehr viel Spaß – im Medienzentrum Wintringer
Hof, in Kleinblittersdorf bei Saarbrücken. Zumal das Wetter im
Sommer toll war und alle draußen sitzen konnten.«
Das war nicht unbedingt notwendig. Wir hätten auch schreiben
können: »Manche hatten sehr viel Spaß – im Medienzentrum
Wintringer Hof, in Kleinblittersdorf bei Saarbrücken, zumal das
Wetter im Sommer toll war und alle draußen sitzen konnten.«
Durch zwei Sätze machen wir die Aussage mündlicher und
somit auch engagierter.

### 7. Todsünde: unnötige Wiederholungen

a) »›Mililosan‹ ist ein gutes Produkt bester Qualität.«
   **Vorschlag:**
   entweder: »**Mililosan« ist ein Produkt bester Qualität.**
   oder: »**Mililosan« ist ein gutes Produkt.**
   **Begründung:** Die Verdoppelung ist raus.
   Als Werbetexte sind beide Sätze unmöglich. Eigenlob stinkt bekanntlich.

b) »Nicht wenige reiche Millionäre verbringen dreimal im Jahr ihren
   Urlaub auf ihrer luxuriösen Luxusjacht in Cannes.«
   **Vorschlag: Nicht wenige (reiche) Millionäre verbringen drei-
   mal im Jahr ihren Urlaub auf ihrer (luxuriösen Luxus) Jacht
   in Cannes.**
   **Begründung:** Was in Klammern steht, ist unnötig.
   Millionäre sind immer reich.
   »Luxuriöser Luxus« ist Unsinn.
   Die Jachten in Cannes sind im Regelfall nicht sehr bescheiden.
   Also genügt »Jacht« – statt »Luxusjacht«.

c) »Sie sah die edle Vase im Foyer eines teuren Fünfsterne-Hotels.«

**Vorschlag: Sie sah die (edle) Vase im Foyer eines (teuren) Fünfsterne-Hotels.**

**Begründung:** Auch hier ist weniger mehr. Es sei denn, wir betonen eine Ausnahme, zum Beispiel:

**Sie sah die billige Vase im Foyer eines relativ preiswerten Fünfsterne-Hotels.**

## 8. Todsünde: unnötige Hauptwörter

a) »Wir danken Ihnen für Ihre Benachrichtigung und können Ihnen hiermit die Mitteilung der Regulierung des Schadens machen.«

**Vorschlag: Vielen Dank für Ihre Nachricht. Wir werden Ihren Schaden regulieren.**

**Begründung:** Die vielen Substantivierungen machen den Satz schwerfällig. Das riecht nach Behörde und nicht nach einer kundenorientierten Versicherung. Wir sollten alle Wörter überprüfen, die auf »ung« oder »heit« enden. Kann man sie durch Verben ersetzen? Das klingt fast immer besser. Und aktiver.

b) »Mit Sprachlosigkeit reagierte die Teilnehmerin des Seminars auf die Aufforderung, ihre Kritikpunkte zur Sprache zu bringen.«

**Vorschlag: Die Teilnehmerin des Seminars war sprachlos. Sie sollte ihre Kritik vorbringen.**

**Begründung:** »Sprachlosigkeit« und »Aufforderung« sind unnötig. Besser sind Verben. »Kritikpunkte zur Sprache zu bringen« könnte man ersetzen durch »kritisieren«. In diesem Fall gebt das aber nicht. Man müßte wissen, was sie kritisieren sollte oder wollte.

c) »Mit der Beendigung dieser Übung folgt die Wiederholung des Hinweises, daß die Möglichkeit für Ausnahmeregelungen selbstverständlich immer Sinn macht.«

**Vorschlag: Die Übung ist beendet. Nochmals der Hinweis: Es gibt immer Ausnahmen.**

**Begründung:** Mündlicher, aktiver, übersichtlicher – einfach besser.

## ÜBUNG 17

Die folgenden Zitate sind zum Teil konstruiert, zum Teil sind sie echte Funde – aus Telefonskripts und Mailings, aus Briefen und Tageszeitungen. Stellen Sie die Schwächen in den folgenden Sätzen fest, und formulieren Sie neue, bessere Sätze.

1. »Verglasungen mit Kunststoffplatten bieten sehr viele Anwendungsmöglichkeiten, denn durch die guten Schall- und Wärmedämmwerte beispielsweise hat man die Möglichkeit, Energie zu sparen und den Komfort zu verbessern.«
   **Vorschlag: Mit Kunststoffplatten kann man vielfältig verglasen. Durch die guten Schall- und Wärmedämmwerte kann man zum Beispiel Energie sparen und den Komfort verbessern.**

2. »Das Angebot richten wir nur an Kunden wie Sie, bei denen sich ein Vertrauensverhältnis aufgebaut hat.«
   **Vorschlag: Wir vertrauen Ihnen. Deshalb machen wir Ihnen dieses Angebot.**

3. »Es ist nur sehr schwierig, Ihnen ein individuelles Angebot zu senden, ohne die örtlichen Gegebenheiten zu kennen.«
   **Vorschlag: Die örtlichen Gegebenheiten müssen wir schon kennen. Sonst können wir Ihnen leider kein individuelles Angebot machen.**

4. »Die zu treffenden Entscheidungen in diesem Bereich sind ja sehr weitreichend.«
   **Vorschlag: Die Entscheidungen, die wir treffen müssen, sind ja sehr weitreichend.**

5. »Es werden viele Reifen bei uns gekauft.«
   **Vorschlag: Wir verkaufen viele Reifen.**

6. »Das bedeutet ja auch, daß eine Unterstützung durch uns – in bezug auf die Kundenbindung – für Ihr Unternehmen ein interessantes Thema ist.«

**Vorschlag: Es ist also sicher interessant für Sie, wenn wir zusammenarbeiten. Zumal die Kundenbindung für Sie sehr wichtig ist.**

7. »Haben Sie sich dazu schon einmal an die Versicherung, die Ihr Vertrauen verdient, gewandt?«
**Vorschlag: Haben Sie sich dazu schon einmal an die Versicherung gewandt, die Ihr Vertrauen verdient?**

8. »Ich rufe im Auftrag von Herrn Dr. Roth, der sich mit Ihnen in Verbindung setzen will, an.«
**Vorschlag: Ich rufe an im Auftrag von Herrn Dr. Roth. Er will sich mit Ihnen in Verbindung setzen (besser: Er will mit Ihnen reden).**

9. »Wenn eine Investition Ihrerseits geplant ist, ist es Ihnen doch sicher recht, wenn wir Ihnen noch einige Informationen dazu schicken.«
**Vorschlag: Sie planen also eine Investition. Dann ist es Ihnen doch sicher recht, wenn wir Ihnen einige Informationen zuschicken.**

10. »In unserer Branche entfallen nun einmal 80 Prozent der Kosten auf Lehne und Gehälter. Hier darf es keine großen Unterschiede geben.«
**Vorschlag: So lassen.**

11. »Gegenseitiges Vertrauen ist sehr wichtig.«
**Vorschlag: So lassen.**
Oder: **Es ist wichtig, daß man sich gegenseitig vertraut.**

12. »Sie haben doch in den letzten Tagen ein Schreiben von uns erhalten. Darin geht es um die steigenden Umweltkosten. Darüber möchte ich mich mit Ihnen unterhalten. Ich komme gleich zum Punkt. Sie haben sicher wenig Zeit.«
**Vorschlag: Wir haben Ihnen in den letzten Tagen geschrieben – wegen der steigenden Umweltkosten. Ich komme gleich zum Punkt.**

13. »Die Geldbank rät ihren Kunden, die jetzt frei werdenden Raten für ihre geplante Vermögenserweiterung zu nutzen.«

**Vorschlag: Die Geldbank rät ihren Kunden: Nutzen Sie die jetzt frei werdenden Raten, um Ihr Vermögen zu erweitern.**

14. »Das oben beschriebene Ergebnis führt zu der am Anfang des Textes angekündigten Hypothese.«
**Vorschlag: Am Anfang des Textes stand eine Hypothese. Sie ist bestätigt – durch das oben beschriebene Ergebnis.**

15. »Das Maklerbüro war sich einig, daß der meistbietende Käufer das neu renovierte Haus bald beziehen kann.«
**Vorschlag: Das Maklerbüro war sich einig: Der Käufer, der das meiste bietet, kann das renovierte Haus bald beziehen.**

16. »Der Ministerpräsident beauftragte den kürzlich zum Innenminister ernannten Parteivorsitzenden mit der Wahrnehmung seiner Aufgaben während seines seit langem angekündigten Krankenhausaufenthalles.«
**Vorschlag: Der Ministerpräsident tritt seinen seit langem angekündigten Krankenhausaufenthalt an. Er beauftragte für diese Zeit den kürzlich zum Innenminister ernannten Parteivorsitzenden. Er soll seine Aufgaben wahrnehmen.**

17. »Wir fuhren mit dem Auto, das ich letzten Monat gekauft hatte und mit dem ich sehr zufrieden bin, nicht nur weil es so wenig Benzin verbraucht, ab.«
**Vorschlag: Wir fuhren mit dem Auto ab. Letzten Monat hatte ich es gekauft, und ich bin sehr zufrieden, nicht nur weil es so wenig Benzin verbraucht.**

18. »Da meine Frau schwer erkrankt ist und vorläufig im Krankenhaus bleiben muß, war ich zur Einstellung eines Kindermädchens gezwungen, da ich vier Kinder im Alter zwischen zwei und zwölf Jahren habe.«
**Vorschlag: Meine Frau muß vorläufig im Krankenhaus bleiben. Deshalb mußte ich ein Kindermädchen für meine vier Kinder einstellen. Sie sind zwischen zwei und zwölf Jahre alt.**

19. »Ihrem Wunsch, Ihnen durch eine erneute Verlängerung einen weiteren Zahlungsaufschub zu gewähren, können wir nicht mehr nachkommen, weil wir die Fälligkeit Ihres Wechsels auf Ihre Bitte hin bereits zweimal verschoben haben.«

**Vorschlag: Sie wollen Ihre Zahlungen weiter aufschieben. Das ist leider nicht möglich. Wir haben die Fälligkeit Ihres Wechsels bereits zweimal verschoben. Auf Ihre Bitte hin.**

20. »In Anbetracht der Dringlichkeit dieser Angelegenheit wären wir Ihnen sehr dankbar, wenn Sie unserer Bitte in Kürze nachkommen könnten und so freundlich wären, uns alsbald Nachricht zu geben, ob Sie an einer Teilnahme Ihrerseits an unserer Tagung Interesse haben.«
    **Vorschlag: Es eilt! – Sagen Sie uns doch bitte umgehend, ob Sie an unserer Tagung teilnehmen.**

21. »Anläßlich des letzten Besuches unseres Kundenberaters stellten Sie die Begleichung der fälligen Raten während der nächsten Tage in Aussicht.«
    **Vorschlag: Sie wollten die Raten bezahlen. Das haben Sie unserem Kundenberater zugesagt.**

22. »Wir bitten höflichst um Überbringung der Unterlagen mittels Boten, um sofort nach Eingang derselben die Kontoprüfung veranlassen zu können.«
    **Vorschlag: Bitte schicken Sie uns die Unterlagen – durch einen Boten. Dann können wir sofort das Konto prüfen.**

23. »Die Abgeordneten nahmen eine Beratung zur Gehwegeausbauverordnungsneuvorlage vor.«
    **Vorschlag: Die Abgeordneten berieten die Neuvorlage der Ausbauverordnung für Gehwege.**

24. »Die Umstrukturierung der Wirtschaft wurde in Gang gebracht.«
    **Vorschlag: Der Minister begann erfolgreich damit, die Wirtschaft umzustrukturieren.**

25. »Die Kursteilnehmer nahmen die Umformung der Sätze durch Ersetzen der Substantive durch Verben in Angriff.«
    **Vorschlag: Die Kursteilnehmer formten die Sätze um. Sie ersetzten die Substantive durch Verben.**

26. »Im nächsten Jahr steht ein neuer Anbau und eine Erweiterung des Museums auf alten Mauerfunden auf dem Programm.«
    **Vorschlag: Im nächsten Jahr steht ein neuer Anbau auf dem Programm. Außerdem will die Behörde das Museum erweitern – auf den alten Mauern.**

27. »Die Erweiterung des Neubaus findet auf dem Niveau des Schloßkellers statt.«
   **Vorschlag: Wir erweitern den Neubau – auf dem Niveau des Schloßkellers.**

28. »Auf die Schlußfrage gab er seine positivste Erinnerung zur Antwort.«
   **Vorschlag: Auf die Schlußfrage antwortete er mit seiner positivsten Erinnerung.**

29. »Auf der Pressekonferenz der IHK kamen die Branchenunterschiede in der Lehrlingsvergütung zur Sprache.«
   **Vorschlag: Auf der Pressekonferenz der IHK beurteilten die Branchen die Lehrlingsvergütung unterschiedlich.**

30. »Die Siegermächte hielten eine Pressekonferenz zur Betonung der Notwendigkeit von Stabilität ab.«
   **Vorschlag: Die Siegermächte betonten bei der Pressekonferenz, daß die Stabilität notwendig sei.**

31. »Er hatte die Gespräche zur Machbarkeit und Langfristigkeit der Wiedervereinigung geführt.«
   **Vorschlag: Er hatte die Gespräche über die Wiedervereinigung geführt. Dabei ging es darum, wie diese auch langfristig »machbar« sei.**

32. »Es ging bei der Pressekonferenz um die Vorstellung von Projekten zum Abbau von Langzeitarbeitslosigkeit.«
   **Vorschlag: Bei der Pressekonferenz stellte das Arbeitsamt verschiedene Projekte vor. Ziel ist es, Langzeitarbeitslosigkeit abzubauen.**

33. »Er hatte die Firmenpolitik auf Langfristigkeit der Umstrukturierung der Produktionskapazitäten angelegt.«
   **Vorschlag: Er wollte die Produktionskapazitäten langfristig umstrukturieren.** Darauf hatte er seine Firmenpolitik angelegt.

34. »Der Abgeordnete hatte die Kanalisierung von Meinungsbildung zur Verhinderung eines Rechtsrucks in der Bevölkerung vor dem Landtagsausschuß zur Sprache gebracht.«
   **Vorschlag: Der Abgeordnete sprach darüber, wie man die öffentliche Meinung beeinflussen könne, um einen Rechtsruck zu verhindern.**

35. »In Anbetracht der Dringlichkeit dieser Angelegenheit wären wir Ihnen sehr dankbar, wenn Sie unserer Bitte in Kürze nachkommen könnten.«
**Vorschlag: Bitte beachten: Es eilt!**

36. »Zwecks Planung unserer Termine bitten wir um baldige Inkenntnissetzung Ihres Zeitrahmens.«
**Vorschlag: Wir wollen unsere Termine planen. Wann ist es Ihnen denn recht?**

37. »Seitens der Betriebsleitung fand der Antrag keine Zustimmung.«
**Vorschlag: Die Betriebsleitung stimmte dem Antrag nicht zu.**

38. »Wir danken Ihnen für Ihre obengenannte Bestellung vom 15. 1. und sichern Ihnen fristgerechte Lieferung zu.«
**Vorschlag: Vielen Dank für Ihre Bestellung vom 15. 1. – Wir liefern fristgerecht.**

39. »In der Anlage finden Sie eine Auflistung unserer neuesten Produkte nebst Preisen.«
**Vorschlag: Wir schicken Ihnen eine Liste unserer Produkte – mit Preisen.**

40. »Wir bitten höflichst um Übersendung der Kopien.«
**Vorschlag: Schicken Sie uns doch bitte die Kopien.**

# 5

# MODERNE KORRESPONDENZ

*Der Chef diktiert, und das Sekretariat muß sehen, was es daraus macht. Eine ansprechende Sprache? – Dafür bleibt oft wenig Zeit. Das gilt für die Korrespondenz ebenso wie für Prospekte, Angebotsmappen und Anzeigen.*
*Ein CI-Konzept für die Sprache eines Unternehmens spart allerdings nur dann Zeit und Geld, wenn die Voraussetzungen und die Strukturen stimmen. Dazu gehören auch:*

- *die Korrespondenzmappe mit den wichtigsten Standardbriefen,*
- *sinnvolle und gut formulierte Textbausteine,*
- *die Qualifizierung der Mitarbeiter für moderne Korrespondenz.*

*Die Zukunft gehört sicher nicht der »Kommunikation von der Stange«. Individualität ist gefragt – beim persönlichen Kontakt, beim Telefongespräch, beim Fax und in der Korrespondenz. Und Kundennähe! Denn von den Kundinnen und Kunden leben bekanntlich alle Betriebe – auch wenn sich diese Binsenweisheit noch nicht überall herumgesprochen hat. Als »Glaubensbekenntnis« schwebt sie zwar über den Vorzimmern, aber wenn es um die Umsetzung geht, dann wird es eng. Bisweilen glaubt man, die Sprache preußischer Amtsstuben aus den Kundenbriefen herauszulesen. Da marschieren Begriffe wie »beiliegend«, »desweiteren« und »diesbezüglich« durch die Zeilen, und kein Mensch macht sich Gedanken darüber, wie so etwas bei dem Empfänger ankommt. Dabei*

*kostet es überhaupt nichts, wenn man auch mal in einem Ge-
schäftsbrief ein wenig freundlich ist.*
*Selbstverständlich müssen Geschäftsbriefe sachlich sein. Sie
dürfen aber deshalb nicht hölzern wirken. Mit einfachen
sprachlichen Mitteln kann man einen Brief so schreiben, daß
er besser wirkt.*

- *Schreiben Sie kurz und sachlich!*
- *Schreiben Sie klar und verständlich!*
- *Schreiben Sie freundlich und höflich!*
- *Schreiben Sie auch einmal persönlich!*

*Wichtig: Seien Sie ehrlich. Bluffer haben meistens nur kurz-
fristig Erfolg – wenn überhaupt. Wenn Sie einen Termin nicht
einhalten können, dann sagen Sie es. Auch wenn die Firma
etwas falsch gemacht hat, wenn ein Produkt Mängel hatte
und auch, wenn Ihnen das Verhalten Ihres Kunden nicht
paßt. Oskar Wilde hatte recht: »Wer kompetent ist, kann es
sich leisten, die Wahrheit zu sagen.«*

# Ein unüblicher Brief

Heinrich Backes[1]
Hausverwaltung Saarland[2]
Strotmannstraße 17

66118 Saarbrücken

13.09.96[3]

Die Bauarbeiten machen Fortschritte. Es geht voran.[4]

Guten Tag, Herr Backes,[5]

ich[6] schicke Ihnen die Unterlagen über das Bauprojekt
Wintringer Hof. Sie hatten mich gebeten, Ihnen die Grundfläche für den Grillplatz auszumessen.[7] Es sind genau
24 qm.

Viele Grüße nach Saarbrücken[8]

Gerhard Bungert

Falls Sie noch Fragen haben: 068 05/10 02[9]

Was ist nun an diesem Brief unüblich? – Ich habe neun Punkte
herausgegriffen, um deutlich zu machen, wodurch sich moderne Korrespondenz von althergebrachter unterscheidet. Ich
bin mir bewußt, daß an dieser Stelle Argumente kommen wie:
»Das habe ich aber anders gelernt«, »Das akzeptiert mein Chef
nicht«, »So kann ich unseren Kunden nicht schreiben«, »Und
überhaupt: Bei uns ist alles ganz anders.«
Mit solchen »Argumenten« haben schon Leute versucht, den
Computer aus den Büros herauszuhalten – mit sehr geringem
Erfolg. Wahrscheinlich haben Menschen auch ähnlich argumentiert, als es darum ging, eine Schreibmaschine ins Vorzimmer zu stellen.

Wir müssen nüchtern feststellen: In der Korrespondenz hat sich vieles fest eingebürgert. Manche Untugenden haben sich als äußerst zäh erwiesen. Sie haben sämtliche Reformen überdauert. Vieles, was wir heute in Briefen lesen, ist schlichtweg überflüssig. Vor allem aber: Die Korrespondenz könnte wesentlich effizienter sein.

Der ungewöhnliche Musterbrief entspricht übrigens in fast allen Punkten den »Regeln für Maschinenschreiben« des Deutschen Instituts für Normung e.V. – Allerdings gilt für die DIN 5008 das gleiche wie für den DUDEN. Man sollte sich daran halten, man muß es aber nicht immer tun. In begründeten Fällen sind Ausnahmen möglich, und die Regeln haben gefälligst die Lebendigkeit und die Vielfalt der Sprache zu akzeptieren.

## Die einzelnen Punkte

➡ *zu 1:*

### »An«, »zu Händen«, »z. Hd.«

Das alles schreibt man nicht mehr. Das kann man sich sparen. Auch das »Herrn« ist überflüssig. Berühmte Leute brauchen diesen Zusatz ja auch nicht. Man sagt nicht: »Ich habe in Barcelona das Museum von Herrn Pablo Picasso besichtigt, mir im Fernsehen ein Match von Herrn Boris Becker angeschaut und dann den Artikel über Frau Catharina Valente gelesen.« Wenn ein Brief in erster Linie an eine Person geht: erst Name, dann Firma.

### »Heinrich Backes
### Hausverwaltung Saarland«

Bei umgekehrter Reihenfolge geht der Brief an die Firma – mit der Bitte, ihn (geöffnet) weiterzuleiten.

➡ *zu 2:*

»Firma« weglassen, wenn es eindeutig ist, daß es sich um eine Firma handelt.

➡ *zu 3:*

So schreibt man das Datum: 13.09.96. Das ist sehr praktisch. Möglich sind selbstverständlich auch 13. 9. 96, 13.09.1996 und 13. September 1996.

➡ *zu 4:*

Betreff/Betrifft schreibt man nicht mehr. Besser: sofort sagen, worum es geht – in dem ersten Satz des Briefes. Der kann sogar vor der Anrede stehen. Das betont die Aussage.
Mit dieser Dramaturgie arbeiten auch manchmal Nachrichtensendungen im Fernsehen, wenn es im Laufe des Tages bedeutende Ereignisse gab. Mit Stichworten beginnt der Moderator. Erst dann begrüßt er erst die Zuschauerinnen und Zuschauer. Also:

| Bild | Text |
|---|---|
| (Man sieht, wie der Bundespräsident die Konferenzräume betritt.) | **Heute morgen um 11 Uhr in Berlin: Beginn der internationalen Friedenskonferenz zum Thema Abrüstung und Sicherheit in Europa.** |
| (Der Moderator erscheint im Bild.) | **Guten Abend meine Damen und Herren. Abrüstung und Sicherheit in Europa – ein Thema, das noch immer ...** |

Umgesetzt auf unseren Brief heißt das:

**»Die Bauarbeiten machen Fortschritte. Es geht voran.«**

➡ *zu 5:*

**»Guten Tag, Herr Backes,«**

Warum wir auch in unseren Geschäftsbriefen »grüßen«? – Man kann diese Frage mit einer schlichten Gegenfrage beantworten: »Warum soll man denn nicht höflich sein?«
Man kann dieses Stilelement aber auch theoretisch herleiten. Versuchen wir es!
Wir gehen von drei idealtypischen Kommunikationswegen aus:

1. direkte Kommunikation (face-to-face),
2. Telefon-Kommunikation,
3. Korrespondenz.

Dazu gibt es Untergruppen und Zwischenformen, etwa die Videokonferenz (zwischen face-to-face und Telefon-Kommunikation) und Telefax (zwischen Telefon-Kommunikation und Korrespondenz). Diese können wir aber in diesem Zusammenhang vernachlässigen. Der historisch älteste, natürlichste und letztlich auch effizienteste Kommunikationsweg ist face-to-face. Er arbeitet mit Sprache, Gestik und Mimik, und er ist sofort zweiseitig. Alle anderen Kommunikationswege haben aber als »Ersatzwege« quantitative Vorteile. Man würde nicht von München nach Hamburg fahren, um in einem Restaurant den Ruhetag zu erfragen. Da ruft man an, oder man schreibt einen Brief. Man spart also Zeit, Geld und Nerven. Bei sehr wichtigen Dingen setzen wir allerdings auf face-to-face (Einstellungsgespräch, wichtige Akquisition u. ä.). Auch deshalb gehen wir immer von diesem Kommunikationsweg aus.
Wie grüßen wir bei der direkten Kommunikation? – Angenommen, wir betreten einen Raum. Dann grüßen wir und stellen uns vor – mit zwei Informationen: Name und Firma. Also:

Guten Tag, mein Name ist Gerhard Bungert – von KOTEXT. So sollte man sich auch am Telefon melden – wobei die Reihenfolge zweitrangig ist. Also: »KOTEXT, Gerhard Bungert, Guten Tag.« Oder auch: »Guten Tag, hier ist KOTEXT, mein Name ist Gerhard Bungert.«

Auch im Brief sollte man nicht unhöflicher sein. Die Firma steht im Briefkopf, der Absender unterschreibt – und wo ist der Gruß bei »Sehr geehrter Herr Backes«? – Angenommen, wir treffen Herrn Backes in Frankfurt auf der Straße. Wir würden ja auch nicht sagen: »Sehr geehrter Herr Backes«, sondern: »Guten Tag, Herr Backes.« Das ist höflich genug. Warum sollte man sich in der Korrespondenz anders verhalten?

Der Nebeneffekt: Wenn wir den Namen nicht kennen, dann sparen wir uns das altmodische »Sehr geehrte Damen und Herren«. Das riecht allzusehr nach Aula und Verleihung des Bundesverdienstkreuzes. Da genügt »Guten Tag«, denn so grüßen wir ja auch Herrn Backes, wenn wir ihn in Frankfurt treffen und seinen Namen vergessen haben oder nicht wissen, wie er heißt ... Ein Kompromiß auf Zeit:

**»Guten Tag, sehr geehrter Herr Backes.«**

➡ *zu 6:*

Briefe darf man mit »ich« beginnen. – Warum denn nicht? – Man spart sich dadurch gestelzte Satzkonstruktionen.

➡ *zu 7:*

**»Sie hatten mich gebeten, Ihnen die Grundfläche für den Grillplatz auszumessen.«**

Das ist der eigentliche »Betreff«. Er kommt als Erinnerung im zweiten Satz.

➡ *zu 8:*

Selbstverständlich grüßen wir auch am Ende des Briefes. Allerdings nicht »Mit freundlichen Grüßen« – weil wir uns kein Urteil darüber anmaßen, ob unsere Grüße »freundlich« sind. Besser: Man grüßt freundlich, statt seine Grüße als freundlich zu bezeichnen. Also wie bei einer Postkarte aus Gran Canaria: »Viele Grüße nach Frankfurt«. Nicht »aus Gran Canaria«, denn der Kunde und sein Wohn- und Arbeitsort gehen vor.

➡ *zu 9:*

Das »PS« hat aufgehört zu existieren. Der Grund ist einfach: Früher hat man da Dinge hineingequetscht, die man vergessen hatte. Man brauchte dann den Brief nicht noch mal zu schreiben. Im Zeitalter der Schreibautomaten und der PCs ist das nicht mehr notwendig.
Ein Brief sollte aber immer eine Schlußzeile haben. Weil sie beachtet wird. Und das sollte man ausnutzen. Aber bitte ohne »PS«. Einfach hinschreiben. Man kann zum Beispiel den nächsten Kommunikationsweg andeuten – wie in unserem Fall:

**»Falls Sie noch Fragen haben: 068 05/10 02.«**

Auf Wörter wie »Telefon« und »anrufen« können wir verzichten. Bei 068 05/10 02 weiß man, daß es sich nicht um die Bankleitzahl oder die Hausnummer handelt.
Den »Nachklapp« bezeichnen die Mitarbeiterinnen und Mitarbeiter unseres Textstudios als »Columbo-Effekt«. – Sie erinnern sich? Der berühmte Detektiv verabschiedet sich vom Verdächtigen nach einem völlig belanglosen Gespräch. An der Tür dreht er sich dann noch mal um: »Ach, fast hätte ich es vergessen.« Und jetzt kommt die eigentlich wichtige Frage, die beinahe jeden Verdächtigen aus dem Konzept bringt.
Mit diesem dramaturgischen Element kann man auch Briefe aufbauen. Der Schluß wirkt am stärksten, und gleichzeitig ist man nicht aufdringlich. Eigentlich sollte man sich die wichtigste Information für den »Nachklapp« aufbewahren. Dann »sitzt« sie auch richtig.

Dieser Aufbau eignet sich vor allem für Mahnungen. Sie müssen sein. Aber: Wie oft ärgert man sich über die Unverbindlichkeit und den Tonfall. Wenn der Kunde sich ärgert, dann zahlt er unter Umständen noch später. Oder wir verlieren ihn sogar.

Mahnungen mit dem Columbo-Effekt sind viel effizienter. Ein netter Brief an den Kunden, in dem man ihm zu Erfolgen gratuliert oder ihm einen schönen Urlaub wünscht. Und dann kommt das: »Uns ist aufgefallen, daß Sie die Rechnung...« – Damit schlägt man drei Fliegen mit einer Klappe. Die Mahnung wirkt, sie ist nicht aufdringlich, und diese Philosophie zwingt einen, bei dem Kunden nachzuhaken.


## Üben, üben, üben


### ÜBUNG 13

Kritisieren Sie den folgenden Brief und schreiben Sie eine Neufassung.

**Sehr geehrte Damen und Herren,**

**zu unserem größten Bedauern müssen wir Ihnen mitteilen, daß es um nicht möglich war, für o.g. Produkt nochmals eine Preisermäßigung in Höhe von DM 8,– pro 100 kg vorzunehmen. Wir möchten Sie daher höflichst bitten, für Ihre Kalkulation folgende Notierungen in Ansatz zu bringen: ...**

**Gern Ihre weiteren Aufträge erwartend, empfehlen wir uns Ihnen**

**mit freundlichen Grüßen**

## ÜBUNG 19

Schreiben Sie eine möglichst knappe Neufassung.

**Betrifft: Ihre Anfrage vom 25. des Monats**

**Sehr geehrte Damen und Herren,**

**vielen Dank für Ihre Anfrage zwecks Erteilung eines Auftrags zur Erstellung einer neuen Flaschenabfüllanlage in Ihrem Werk Oberwöllstadt.**

**Hiermit möchten wir Ihnen unsere Preisvorstellungen von der Planung bis zur schlüsselfertigen Übergabe der Anlage in der Anlage (Selten 2–5) zur freundlichen Kenntnisnahme mitteilen.**

**Wir hoffen, mit diesem Angebot Ihren Preisvorstellungen möglichst nahe gekommen zu sein und verbleiben bis zu Ihrer baldigen Antwort**

**mit freundlichen Grüßen**

## ÜBUNG 20

Ihr Geschäftspartner hat Sie telefonisch gebeten, ihm eine Kopie eines Vertrages zu schicken. Formulieren Sie einen kurzen Begleitbrief!

## ÜBUNG 21

Der Kunde hat Ihrer Firma den Auftrag erteilt. Schicken Sie ihm eine Auftragsbestätigung.

## ÜBUNG 22

Ihre Firma feiert 25jähriges Jubiläum. Laden Sie Geschäftspartner und Kunden, aber auch die Honoratioren der Stadt zu einem Festakt am 11. 11. 1997 um 17 Uhr im Saarbrücker Schloß ein. Anschließend: Sektempfang.

## ÜBUNG 23

Sie haben einen sehr wichtigen Kunden. Allerdings führen Sie mit ihm einen »Glaubenskrieg«. Er glaubt nämlich, er müsse die Rechnung nicht bezahlen.
Schreiben Sie ihm eine erste Mahnung!
Schreiben Sie ihm eine zweite Mahnung!

## ÜBUNG 24

Schreiben Sie eine Antwort auf eine berechtigte Beschwerde.
Ihre Firma hat Ihrem wichtigsten Kunden statt zehn Liter Speiseöl insgesamt zehn LKW-Ladungen Heizöl geliefert. Der Kunde bezeichnet Ihren Chef in seinem Beschwerdebrief als einen »gehirnamputierten Menschen«.
Sie haben nun die Aufgabe, für Ihren Chef einen Antwortbrief zu formulieren. Um den Kunden zu beschwichtigen, stehen Ihnen DM 100,– zur Verfügung.

# Die Korrespondenzmappe

Der Brief ist die klassische Form der externen Kommunikation. Neue und alte Kunden, Mitbewerber und Kollegen, Wunschkunden und verlorene Kunden – sie alle lesen aus den Briefen eines Unternehmens weit mehr heraus als die reine Information. Jeder Brief ist ein Mosaikstein des Gesamteindrucks, wie der Telefonstil oder das optische Erscheinungsbild der Mitarbeiterinnen und Mitarbeiter.
Daran ändert auch das PC-Zeitalter nichts. Im Gegenteil. Das Briefeschreiben geht einfacher und schneller. Mittlerweile hat fast jedes Unternehmen die wichtigsten Standardbriefe als Textbausteine gespeichert. Man braucht den entsprechenden Text nur zum gegebenen Anlaß abzurufen. Und da jeder, der damit arbeitet, die Tücken von PCs kennt, gibt es alles auch in ausgedruckter Form: als Korrespondenzmappe.

Aber die Korrespondenzmappe ist nicht etwas Unveränderliches, etwas, was für immer gültig ist. Jedes Unternehmen sollte sich die Mappe von Zeit zu Zeit wieder vornehmen und jeden Brief Seite für Seite durchgehen: Stimmt die CI-Linie noch, hat sich der Kundenkreis verändert, hat sich die Grundaussage weiterentwickelt?

Unsere Erfahrungen zeigen, daß der CI-Gedanke zwar meistens durchgehalten wird. Dafür gehen allerdings andere Aspekte verloren. Die Sprache ist oft noch zu gestelzt und zu wenig ansprechend. Das führt dazu, daß sie teilweise unfreundlich wirkt. Zum Beispiel bei Finanzdienstleistungen.

Wollen Sie Ihre Textbausteine »sanieren«, dann machen Sie es wie bei den Steuern. Bereiten Sie alles sorgsam vor, aber geben Sie den Auftrag raus. Ein Textstudio kennt fast alle Stolpersteine der Korrespondenz. Die Mitarbeiter sind kreativ, sie beherrschen die DIN-Regeln, und darüber hinaus haben sie einen entscheidenden Vorteil gegenüber einer hausinternen Optimierung der Korrespondenzmappe: Sie haben die nötige Distanz zum Unternehmen. Andererseits können sie sich schnell in die CI eines Unternehmens hineinversetzen und somit interne Besonderheiten bei der Optimierung berücksichtigen. Ein ausführliches Briefing ist allerdings notwendig, um den Kern der Aussage herauszufinden.

Wie kann so ein Texthandbuch aussehen? – Ich habe mich bei dem folgenden Beispiel auf die Grundausstattung beschränkt. Stören Sie sich bitte nicht an Verdoppelungen. Es handelt sich um »pädagogisch sinnvolles Wiederholen«.

# Texthandbuch
## für die Basiskorrespondenz

Ein paar Worte zuvor .............................. 145

I.  **Ein typischer Brief** ............................ 146
    1. Beispiel ....................................... 146
    2. Anmerkungen ................................. 147
    3. Grundregeln ................................. 148

II. **Briefe der Werbeabteilung** ..................... 150
    1. Brief nach einer Personalnotiz ................. 150
    2. Brief nach einer Stellenanzeige ............... 151
    3. Brief für den Vorstand ....................... 152

III. **Briefe der Verkaufsabteilung** .................. 153
    1. Allgemeines Interesse ......................... 153
    2. Terminbestätigung ........................... 153
    3. Brief nach einem Besuch mit Angebot ......... 154
    4. Begleitschreiben zum Angebot ................ 155
    5. Brief nach mündlicher Angebotsänderung ....... 155
    6. Auftragsbestätigung nach Angebot ............ 156
    7. Brief nach Lieferung ......................... 156

IV. **Briefe der Einkaufsabteilung** ................... 157
    1. Anfrage nach ... ............................. 157
    2. Bestellung .................................... 157

V.  **Briefe der Buchhaltung** ........................ 158
    1. Rechnung ..................................... 158
    2. Erste Mahnung ............................... 158
    3. Zweite Mahnung ............................. 159

VI. **Personalbriefe** ................................ 160
    1. Einladung zum Betriebsfest ................... 160
    2. Gratulation zum Betriebsjubiläum ............. 160
    3. Abmahnung ................................... 161

## Ein paar Worte zuvor

Ein erfolgreiches Unternehmen achtet auf ein gutes Erscheinungsbild. Dazu gehört auch der Stil der geschäftlichen Korrespondenz. Mit Briefen kann man werben. Gute Briefe können ausschlaggebend sein für den Erfolg.

Dies gilt für Mailings, Angebote und Auftragsbestätigungen ebenso wie für Rechnungen und Mahnungen. Korrespondenz ist schriftliche Kommunikation.

Vermeiden Sie lange Sätze und umständliche oder antiquierte Konstruktionen! Schreiben Sie mündlich!

Drei Buchstaben sollte der Briefschreiber sich einprägen:

---

### K V A = Kurz – Verständlich – Ansprechend

---

Auch für die Korrespondenz gilt das »ökonomische Prinzip«. Wer Überflüssiges vermeidet, sich kurz, verständlich und ansprechend ausdrückt, spart nicht nur Papier. Er erspart dem Leser seines Briefes auch kostbare Zeit.

Dieses Texthandbuch kann und soll nicht jeden möglichen Brief liefern. Aber es bietet Vorschläge, Anregungen und Anhaltspunkte, wie Sie die wichtigsten und häufigsten Briefe Ihres Unternehmens gestalten können.

## I. Ein typischer Brief

## 1. Beispiel

An den
Lehnert-Verlag
Herrn Charly Lehnert
Altneugasse 16

66117 Saarbrücken

24.07.97[1]

Vielen Dank für Ihre Einladung.

Guten Tag[2], sehr geehrter Herr Lehnert,[3]

wir haben uns darüber sehr gefreut. Bitte machen Sie sich
darauf gefaßt: Wir kommen zu der Pressekonferenz![4]
Gerhard Bungert und ich haben uns vor allem auf den
Punkt »Das neue Buch von Elmar Engel« vorbereitet. Wir
werden dazu einiges sagen.
Vorschlag: Wir treffen uns eine Viertelstunde vorher, um
die näheren Einzelheiten zu besprechen – in Ihrem Büro.[5]
Sind Sie damit einverstanden?[6]

Viele Grüße aus Kleinblittersdorf[7]

Gisela Oswald[8]
Geschäftsführerin[9]

Was macht die Rundfunksendung über Elmars Buch? –
Hat sich Herr Friedrich bei Ihnen gemeldet?[10]

## 2. Anmerkungen

1. Bei der Angabe des Datums kann man auf den Ort verzichten (also nicht: Kleinblittersdorf, den ...). Der Ort steht mindestens einmal im Briefkopf. Das genügt.
   Diese Schreibweise ist sehr praktisch. Man kann, so zum Beispiel Daten einfacher untereinander schreiben:
   **11.01.96**
   **07.12.97**
   Der Hinweis »Datum« ist überflüssig. Wenn da steht: »24.07.97« – dann weiß man, daß es sich um das Datum handelt.
2. Die Anrede beginnt immer mit einem Gruß. Das macht man ja auch so beim persönlichen Kontakt. Niemand würde in das Büro von Herrn Lehnert stürzen und zu ihm sagen: »Sehr geehrter Herr Lehnert.« Zuerst sagt man **»Guten Tag«.**
3. Hinter die Anrede kommt kein Ausrufezeichen (wirkt militärisch, schließt zu sehr ab), sondern ein Komma.
4. Die Sprache darf mündlich und auch mal etwas ironisch sein. Also nicht:
   »Sie dürfen davon ausgehen, daß wir selbstverständlich zu der Pressekonferenz erscheinen.«
   Sondern (besser):
   **»Bitte machen Sie sich darauf gefaßt: Wir kommen zu der Pressekonferenz!«**
   Eine solche Formulierung setzt allerdings einen näheren Kontakt voraus.
5. Manchmal ist es sinnvoll, Informationen »vorzuziehen« und/oder »nachzuhängen«. Dadurch werden die Sätze übersichtlicher und besser lesbar.
   Also nicht:
   Wir machen Ihnen den Vorschlag, daß wir uns eine Viertelstunde vorher in Ihrem Büro treffen, um die näheren Einzelheiten zu besprechen.« Sondern:
   **»Vorschlag: Wir treffen uns eine Viertelstunde vorher,**

**um die näheren Einzelheiten zu besprechen – in Ihrem Büro.«**

6. Ein Brief soll auch Fragen enthalten? – Das fördert den Dialog. Der Empfänger muß antworten.

7. »Mit freundlichen Grüßen« schreibt man nicht mehr. Das ist
   a) zu förmlich und
   b) sollte man seine eigenen Grüße nicht positiv bewerten (freundlich). Es ist besser, freundlich zu grüßen – als zu sagen: »Ich grüße Sie freundlich.«

   **»Viele Grüße«** klingt persönlicher – vor allem, wenn noch eine Ortsangabe enthalten ist. Beispiele:
   **Viele Grüße nach Berlin!**
   **Viele Grüße aus Frankfurt!**
   Und innerhalb einer Stadt oder eines Ortes:
   **Viele Grüße in die Bertramstraße!**
   **Viele Grüße aus der Innenstadt!**

8. Bitte den Namen nur tippen, wenn die handgeschriebene Unterschrift nicht lesbar ist!

9. Die Funktion kann wegfallen, wenn sie bereits im Briefkopf oder in der vorgedruckten Fußleiste enthalten ist.

10. Die Schlußzeile wird sehr aufmerksam gelesen. Das sollte man ausnutzen für wichtige Informationen, die im Hauptteil stören würden.

## 3. Grundregeln

- *kurze Sätze*
  Nicht: »Am kommenden Freitag eröffnen wir unsere Filiale in der Kaiserstraße, die morgens ab sieben Uhr geöffnet ist.«
  Sondern: **»Am kommenden Freitag eröffnen wir unsere Filiale in der Kaiserstraße. Sie ist morgens ab sieben Uhr geöffnet.«**

- *aktive Sprache*
  Nicht: »Unsere Filiale wurde von der Firma Grund & Co. ausgestattet.«
  Sondern: »**Grund & Co. stattete unsere Filiale aus.**«

- *ein Verb ist immer besser als ein Substantiv*
  Nicht: »Deshalb machen wir Ihnen folgendes Angebot.
  Sondern: »**Deshalb bieten wir Ihnen an ...**«

- *Abkürzungen und Zahlen – wenn möglich – vermeiden*
  Nicht: »zwei Prozent WKZ«
  Sondern: »**Zwei Prozent Zuschuß zu den Werbekosten**«

- *keine zu langen Substantive verwenden*
  Nicht: »Werbekostenzuschuß«
  Sondern: »**Zuschuß zu den Werbekosten**«

- *mit der gesamten Palette der Satzzeichen arbeiten*
  Nicht: »Als Sie uns über die von Ihnen schriftlich dargelegten Preiserhöhungen informierten, waren wir erstaunt darüber, weil Sie trotz unserer guten und langjährigen Geschäftsbeziehungen auf eine Begründung verzichteten. «
  Sondern: »**Seit Jahren arbeiten wir gut zusammen. Und jetzt? – Sie schicken uns einen Brief. – Preiserhöhungen! – Und das ohne Begründung ...**«

  (Die kurzen Sätze machen den Stil mündlicher. Man merkt das Staunen bereits an der Satzstellung. Wichtig: Es gibt nicht nur Kommata und Punkte, sondern auch: ? ! – ...)

## II. Briefe der Werbeabteilung

### 1. Brief nach einer Personalnotiz

Dieser Brief sollte geschrieben werden, um einen neuen Geschäftsführer, Vertriebsleiter etc. auf die gesamte Produktpalette oder auf besondere Angebote der Firma aufmerksam zu machen – nachdem man in der Zeitung über die Beförderung, besondere Aktivitäten oder Erfolge gelesen hat.

---

Ich habe über Sie in der Presse gelesen.

Guten Tag,
sehr geehrte Frau Dr. Weber,

viel Erfolg und viel Freude bei Ihrer neuen Aufgabe. Als Prokuristin sind Sie sicher an möglichst vielseitigen Informationen aus unserer Branche interessiert. In der letzten Zeit hat sich ja bei uns einiges getan. Die Angebote werden täglich vielfältiger. Deshalb brauchen wir alle auch zuverlässige Informationen – wenn wir auf dem laufenden sein wollen. Deshalb schicken wir Ihnen unsere Angebotsmappe. Was halten Sie davon? – Ihre Meinung darüber ist uns sehr wichtig.
Wann dürfen wir Sie anrufen?

Viel Erfolg für Ihre Arbeit
und viele Grüße nach Hannover

(Unterschrift)

PS: Unsere Telefaxnummer hat sich geändert:
06 81/2 19 09.

---

## 2. Brief nach einer Stellenanzeige

Dieser Brief sollte geschrieben werden, nachdem man Stellenanzeigen eines Geschäftes gelesen hat – mit dem Hinweis auf »Geschäftserweiterungen«.

---

Ich habe Ihre Stellenanzeige gelesen.

Guten Tag,
sehr geehrter Herr Semowski,

Wir freuen uns mit Ihnen, daß Sie Ihr Geschäft ausbauen. Das ist sicher mit viel Überlegungen und Arbeit verbunden. Und erst die Investitionen ... Das kennen wir aus eigener Erfahrung.
Da lohnt es sich bestimmt, auch einmal die Produktpalette zu überprüfen. Vielleicht sind wir für Sie ein neuer Partner. Das würde uns freuen.
Wir bieten Ihnen

- ökologische Kopierer,
- Telefaxstationen.

Wir schicken Ihnen in den nächsten Tagen unsere neue Angebotsmappe – mit Preisliste.

Viele Grüße nach Pirmasens

(Unterschrift)

Wir wünschen Ihnen viel Erfolg bei der Auswahl der neuen Mitarbeiter.

---

151

## 3. Brief für den Vorstand

Dieser Brief sollte geschrieben werden, nachdem man in der Zeitung über den Vorstand, Beförderung, besondere Aktivitäten oder Erfolge gelesen hat.
Es gilt jetzt, alte, aber auch neue Kunden zu überzeugen.

---

Guten Tag, Herr Becker-Mahling,

als Marketing-Direktor brauchen Sie möglichst umfassende Informationen aus unserer Branche. In der letzten Zeit hat sich ja bei uns einiges getan. Die Angebote werden täglich vielfältiger. Deshalb brauchen wir alle immer mehr Informationen – wenn wir auf dem laufenden sein wollen. Für die Unternehmen wird es zunehmend schwieriger im neuen »Branchendschungel«.

In dieser Situation sind – unserer Auffassung nach – zwei Dinge besonders wichtig: ausführliche Informationen und zuverlässige Partner.

Wir würden uns freuen, wenn wir mit Ihnen zusammenarbeiten könnten.

Unsere Spezialitäten sind:

- Vertriebskonzepte
- Direkt-Marketing-Aktionen

Schreiben Sie uns oder rufen Sie uns an!
Wir schicken Ihnen dann sofort ausführliche Unterlagen.

Viel Erfolg für Ihre Arbeit
und viele Grüße aus Zwickau

(Unterschrift)

Falls Sie sich fragen, warum ich Ihnen schreibe: Ich habe über Sie und Ihr Unternehmen in der Presse gelesen.

---

## III. Briefe der Verkaufsabteilung

### 1. Allgemeines Interesse

Dieser Brief sollte mit der Angebotsmappe an Kunden geschickt werden – nach einer allgemeinen Anfrage.

---

Wir freuen uns, daß Sie sich für unsere Produkte interessieren.

Guten Tag,
sehr geehrte Frau Seelbach,

wir schicken Ihnen heute nähere Informationen über die Produktpalette unserer Firma.
Das ist allerdings nicht alles, was wir zu bieten haben. Günstige Bedingungen und rasche Lieferung sind für uns ebenso selbstverständlich wie unser Service durch geschultes Personal - Vorteile für Ihr Unternehmen, über die wir persönlich sprechen sollten. Wir rufen Sie in den nächsten Tagen an.

Viele Grüße nach Cottbus

(Unterschrift)

Am 24. Oktober haben wir unseren »Tag der offenen Tür«. Wir schicken Ihnen in den nächsten Tagen eine Einladung.

---

### 2. Terminbestätigung

Dieser Brief sollte geschrieben werden, um einen mündlich abgemachten Termin zu bestätigen.

Vielen Dank für Ihre Zusage.

Guten Tag, Herr Imsberg,

wir freuen uns, daß Sie das Angebot unserer Firma interessiert. Bei unserem Gespräch werden wir darüber reden, welches der Angebote Sie für Ihr Unternehmen effizient nutzen können. Wir freuen uns auf Ihren Besuch am 01.09. um 09 Uhr 30 und wünschen Ihnen eine gute Anreise. Damit Sie uns problemlos finden, schicken wir Ihnen einen Anfahrtsplan.

Viele Grüße nach München

(Unterschrift)

Für 13 Uhr haben wir einen Tisch im H. reserviert.

## 3. Brief nach einem Besuch mit Angebot

Dieser Brief sollte nach dem ersten persönlichen Kontakt geschrieben werden. Das angeforderte Angebot sollte man integrieren.

Wir freuen uns darauf, mit Ihnen zusammenzuarbeiten.

Guten Tag, Frau Jäger,

vielen Dank für Ihren Besuch bei uns in Wintringen. Unser Gespräch hat uns deutlich gemacht, welche Produkte Sie besonders interessieren. Ich fasse die wichtigsten Punkte noch einmal zusammen:
(hier: individuelle Punkte)
Wir haben - wie versprochen - auf dieser Grundlage für Sie ein spezielles Angebot erarbeitet.
(hier: Angebot und Ankündigung des nächsten Kontaktes)

Viele Grüße nach Stuttgart

(Unterschrift)

PS: Ich schicke Ihnen das versprochene Foto.

## 4. Begleitschreiben zum Angebot

Dieser Brief sollte geschrieben werden, wenn man das Angebot gesondert verschickt und nicht in einen Brief integriert.

---

Wir freuen uns auf die Zusammenarbeit mit Ihnen.

Guten Tag, Herr Breitbach,

wir freuen uns, daß Sie sich für unsere Produkte interessieren. In unserem Angebot informieren wir Sie ausführlich darüber.

Viele Grüße nach Ulm

(Unterschrift)

Sollten Sie noch Fragen haben – meine Durchwahl: ...

---

## 5. Brief nach mündlicher Angebotsänderung

Dieser Brief wird geschrieben, wenn man mit einem Kunden eine mündliche Angebotsänderung getroffen hat.

---

Wir freuen uns, daß Sie auch weiterhin mit uns zusammenarbeiten.

Guten Tag, Frau Lehmann,

auch für Ihren neuen Auftrag gilt unser Angebot vom ... Es gibt jedoch einige Änderungen. Darüber haben wir gesprochen. Ich fasse die einzelnen Punkte noch einmal zusammen.

(hier die besprochenen Vereinbarungen)

Viele Grüße nach Köln

(Unterschrift)

Der Wagen steht schon bereit.

---

## 6. Auftragsbestätigung nach Angebot

Dieser Brief sollte geschrieben werden, nachdem der Auftrag erteilt wurde.

---

Vielen Dank für Ihren Auftrag.

Guten Tag, Herr Schmelzer,

unser Angebot liegt Ihnen vor. Wir liefern bis zum 17.12.97.
(Produkte und Preise einsetzen)
Unsere Zahlungsbedingungen:
(einsetzen)
Viele Grüße ins schöne Elsaß

(Unterschrift)

Der Marc de Gewürztraminer war übrigens hervorragend.

---

## 7. Brief nach Lieferung

Dieser Brief sollte nach der Lieferung an den Kunden geschrieben werden.

---

Ich hoffe, Sie sind mit uns zufrieden.

Guten Tag, Herr Dumont,

unsere dritte Lieferung Laserdrucker haben Sie nun erhalten.
Kam die Lieferung termingerecht? – Für Anregungen und Kritik sind wir immer dankbar.

Viele Grüße in die neue deutsche Hauptstadt

(Unterschrift)

Wir wünschen Ihnen viel Erfolg mit unseren Produkten.

---

## IV. Briefe der Einkaufsabteilung

## 1. Anfrage nach ...

Von Geschäftsfreunden erfuhren wir von Ihrer neuen Software.

Guten Tag, Herr Graf,

wir werden unsere Angebotspalette erweitern und interessieren uns deshalb für Ihre Telefonmarketing-Software. Bitte schicken Sie uns ausführliche Informationen – mit Preisangaben.
Über die genaue Menge und die Lieferbedingungen können wir uns ja noch telefonisch verständigen.

Vielen Dank und viele Grüße nach Darmstadt

(Unterschrift)

PS: Schicken Sie uns auch bitte fünf Ihrer Hochglanzprospekte.

## 2. Bestellung

Ihr Angebot vom 02.05.97 hat uns überzeugt.

Guten Tag, Frau Heusenstamm,

bitte liefern Sie uns zu den vereinbarten Bedingungen

- 150 Laserdrucker,
- 75 Tastaturen,
- 2 Handbücher.

Weiterhin gute Zusammenarbeit und viele Grüße nach Sulzbach

(Unterschrift)

Wir brauchen die Ware bis zum 15.07.97.

## V. Briefe der Buchhaltung

## 1. Rechnung

Rechnung Nr. ...

Für unsere Lieferung von zwei Texthandbüchern berechnen wir Ihnen:

DM 6000,- zuzügl. 15 Prozent Mehrwertsteuer
(= DM 900,-).

Bitte überweisen Sie den Betrag von DM 6900,- auf unser Konto.

Vielen Dank für den Auftrag

## 2. Erste Mahnung

Wir haben schon lange nichts mehr von Ihnen gehört.

Guten Tag, Herr Schwarz,

unsere letzte Lieferung an Ihr Unternehmen liegt jetzt schon einige Zeit zurück.
Wir wünschen Ihnen, daß Ihre Kunden das Produktangebot angenommen haben und Sie schon die ersten Erfolge verbuchen konnten.

Ihnen und Ihrem Unternehmen weiterhin alles Gute und herzliche Grüße nach Ulm

(Unterschrift)

PS: Wahrscheinlich haben Sie vergessen, unsere Rechnung vom 01.06. zu bezahlen. Es wäre schön, wenn Sie das in den nächsten Tagen nachholen könnten. Danke.

## 3. Zweite Mahnung

Auf unseren letzten Brief vom ... haben Sie nicht reagiert.

Guten Tag, Herr Schwarz,

haben wir etwas falsch gemacht? – Oder liegt vielleicht nur ein Mißverständnis vor?
Leider ist noch immer der Betrag von DM 6900,– offen. Wir möchten Ihnen und uns weitere Kosten ersparen. Vor allem wollen wir – wenn irgendwie möglich – auf ein gerichtliches Mahnverfahren verzichten.

Viele Grüße nach Ulm

(Unterschrift)

Wir bitten Sie:
Zahlen Sie sofort – noch innerhalb dieser Woche. Danke.

## VI. Personalbriefe

## 1. Einladung zum Betriebsfest

Sie leisten täglich Ihren Beitrag zum Erfolg der Firma.

Guten Tag, Frau Schulz,

wir haben viel zu tun. Bei uns geht es immer hoch her. Vor allem am 11.07. ab 17 Uhr in unserer Kantine. Wir wollen dann gemeinsam feiern. Bitte bringen Sie mit:

- gute Laune
- Hunger
- Durst

Bis dahin, herzlichst Ihr(e)

(Unterschrift)

Ich freue mich, wenn Sie kommen.

## 2. Gratulation zum Betriebsjubiläum

Wir gratulieren Ihnen ganz herzlich.

Guten Tag, lieber Herr Bertram,

nun sind Sie schon seit 25 Jahren bei uns. Eine lange Zeit. Sie können stolz darauf zurückblicken. Auch für die Zukunft wünschen wir Ihnen alles Gute. Jetzt sollten Sie allerdings erst einmal ausspannen. Genießen Sie nach unserer gemeinsamen Jubiläumsfeier einen 3tägigen Sonderurlaub.

Kommen Sie gesund und gut erholt zurück.
Das wünscht Ihnen

(Unterschrift)

Arbeiten Sie auch weiterhin so gut gelaunt und so engagiert für unser Unternehmen.

## 3. Abmahnung

Am 02.05.97 haben Sie bei uns als Lagerarbeiter angefangen.

Guten Tag, Herr Lustig,

damals waren wir davon überzeugt, daß Sie ein Mitarbeiter sind, der sich engagiert und zielstrebig einsetzt.

Heute fragen wir uns: Haben wir uns so getäuscht? Ihre Leistungen liegen deutlich hinter denen, die wir von neuen Mitarbeitern im gleichen Zeitraum gewohnt sind. Sie wissen, daß Sie mit mangelhaften Ergebnissen Ihren Arbeitsplatz gefährden.

Das erste Jahr ist immer das schwerste. Da müssen Sie sich durchbeißen! Viele Kollegen vor Ihnen haben ähnliche Krisen erlebt und sind heute erfolgreich. Deshalb unser Rat: Geben Sie nicht gleich auf. Setzen Sie Ihre Kraft richtig ein. Und denken Sie daran – die Kraft, die Sie brauchen, um mit Mißerfolgen fertig zu werden, genügt auch, um Erfolg zu haben.

Viele Grüße

(Unterschrift)

Nach wie vor sind wir bereit, Sie soweit wie möglich zu unterstützen. Sprechen Sie mit uns. Wir können gemeinsam überlegen, wie wir zum gewünschten Erfolg kommen.

# Lösungsvorschläge

## ÜBUNG 18

Sehr geehrte Damen und Herren,[a]

zu unserem größten Bedauern[b] müssen wir Ihnen mitteilen[c], daß es uns nicht möglich war[d], für o. g.[e] Produkt nochmals eine Preisermäßigung[f] in Höhe[g] von DM 8,- pro 100 kg vorzunehmen. Wir möchten Sie[h] daher höflichst bitten[i], für Ihre Kalkulation folgende Notierungen in Ansatz zu bringen[j]: ...

Gern Ihre weiteren Aufträge erwartend, empfehlen wir uns Ihnen

mit freundlichen Grüßen[k]

**Kritik:**

a) Bei der Anrede fehlt der Gruß.
b) Das »größte Bedauern« klingt nicht glaubwürdig.
c) Man schreibt Briefe, um etwas mitzuteilen, warum sonst.
d) Wieso »war«? – Es ist doch auch jetzt nicht möglich.
e) »o. g.« ist bürokratisch.
f) Statt: »Preisermäßigung vornehmen« besser: »Preise herabsetzen«.
g) »in Höhe« ist überflüssig, weil der Betrag ja dasteht.
h) Dann tun Sie's doch!
i) »bitten« ist bereits höflich, und »höflichst« ist übertrieben.
j) »Notierungen in Ansatz bringen« ist gestelzt.
k) Der Schlußsatz sagt etwas Selbstverständliches aus und ist in der Form veraltet.

**Neufassung:**

---

Die Rohstoffe sind teurer geworden.

Guten Tag,

Deshalb können wir den Preis für dieses Produkt nicht noch einmal senken. Leider! Bitte kalkulieren Sie mit folgenden Notierungen: ...

Viele Grüße

(Unterschrift)

Vielen Dank für Ihr Verständnis.

---

**ÜBUNG 19**

---

Es geht um die Flaschenabfüllanlage in Oberwöllstadt.

Ihre Anfrage vom 25. des Monats.

Guten Tag, Frau ...

wir schicken Ihnen unsere Preise – von der Planung bis zur schlüsselfertigen Übergabe.

Viele Grüße nach Oberwöllstadt

Heinrich Gerätebach
Geschäftsführer

Wir freuen uns auf die Zusammenarbeit.

---

## ÜBUNG 20

Ihr Geschäftspartner hat Sie telefonisch gebeten, ihm eine Kopie eines Vertrages zu schicken. Formulieren Sie einen kurzen Begleitbrief!

> Guten Tag, lieber Herr Dietrich,
>
> Sie wollten eine Kopie des Vertrages haben. So schnell geht das bei uns.
>
> Viele Grüße nach ...

## ÜBUNG 21

Der Kunde hat Ihrer Firma den Auftrag erteilt. Schicken Sie ihm eine Auftragsbestätigung.

> Vielen Dank für Ihren Auftrag.
>
> Guten Tag, sehr geehrter Herr Krost,
>
> wir freuen uns über das Vertrauen, das Sie in uns setzen. Unser Textstudio wird Ihre Korrespondenzmappe bis zum 10. November auf den neuesten Stand bringen. Der Preis: DM 350,– pro Seite. Der Gesamtpreis: DM 5250,– zuzügl. MwSt.
>
> Viele Grüße nach Stuttgart
>
> Gisela Oswald
> Geschäftsführerin
>
> Bitte schicken Sie uns umgehend die Unterlagen für die Mahnungen. Sonst können wir den Termin nicht einhalten.

## ÜBUNG 22

Ihre Firma feiert 25jähriges Jubiläum. Laden Sie Geschäftspartner und Kunden, aber auch die Honoratioren der Stadt zu einem Festakt am 11. 11. 1997 um 17 Uhr im Saarbrücker Schloß ein. Anschließend: Sektempfang.

---

Wir feiern Geburtstag.

Guten Tag,

am 11.11. um 17 Uhr wird unsere Firma genau 25 Jahre alt. Das werden wir pünktlich feiern – im Festsaal des Saarbrücker Schlosses.

Anschließend begießen wir das erfolgreiche Vierteljahrhundert – mit Schampus, O-Saft und Mineralwasser. Dazu gibt es Kanapees (nicht zum Ausruhen, sondern zum Reinbeißen).

Wir rechnen mit Ihnen.

Viele Grüße aus Alt-Saarbrücken

Dr. Brunhilde Schmalz-Mieterstätt

Auf »u.a.w.g.« wollen wir verzichten. Ich rufe Sie in den nächsten Tagen an.

---

## ÜBUNG 23

Sie haben einen sehr wichtigen Kunden. Allerdings führen Sie mit ihm einen »Glaubenskrieg«. Er glaubt nämlich, er müsse die Rechnung nicht bezahlen.

**Die erste Mahnung:**

Ich hoffe, Sie sind mit uns zufrieden.

Guten Tag, sehr geehrter Herr Rameau,

wir haben Ihnen den Text für Ihre Stellenanzeige rechtzeitig geliefert. Ich hoffe, daß sich schon viele qualifizierte Bewerber bei Ihnen gemeldet haben. Es ist ja heutzutage gar nicht so einfach, wirklich gute Mitarbeiter zu bekommen. Teilen Sie uns doch bitte mal bei Gelegenheit mit, welchen Erfolg die Anzeige hatte. Uns interessieren ja auch die Ergebnisse unserer Arbeit.

Viele Grüße nach Mannheim

Gisela Oswald, Geschäftsführerin

Bitte überweisen Sie in den nächsten Tagen die DM 684,-, die wir Ihnen berechnet haben.

**Die zweite Mahnung:**

Wir haben schon lange nichts mehr von Ihnen gehört.

Guten Tag, sehr geehrter Herr Rameau,

das bedauern wir sehr. Zumal die Zusammenarbeit mit Ihnen immer sehr angenehm war. Offensichtlich haben wir etwas falsch gemacht. Oder haben Sie vergessen, die DM 684,- zu zahlen? Vor einem Monat haben wir Sie daran erinnert.

Viele Grüße nach Mannheim

Gisela Oswald, Geschäftsführerin

Sollten Sie die DM 684,- bis zum ... nicht bezahlt haben, rufen wir Sie an.

## ÜBUNG 24

Schreiben Sie eine Antwort auf eine berechtigte Beschwerde. Ihre Firma hat Ihrem wichtigsten Kunden statt zehn Liter Speiseöl insgesamt zehn LKW-Ladungen Heizöl geliefert. Der Kunde bezeichnet Ihren Chef in seinem Beschwerdebrief als einen »gehirnamputierten Menschen«.

Sie haben nun die Aufgabe, für Ihren Chef einen Antwortbrief zu formulieren. Um den Kunden zu beschwichtigen, stehen Ihnen DM 100,– zur Verfügung.

---

Da gibt es keine Ausreden. Sie haben recht!

Guten Tag, sehr geehrter Herr Kleemann,

das hätte wirklich nicht passieren dürfen. Wir hatten einen Stromausfall, und der Computer spielte verrückt. Seit gestern, 16 Uhr 30, haben wir für solche Fälle einen Notstromaggregat.

Als kleine Entschuldigung schicke ich Ihnen einen Bildband über die Olivenbäume in Korfu und eine Flasche kaltgepreßtes Olivenöl – aus erster Pressung. Vielleicht ist diese Panne auch eine Erinnerung für uns alle, daß Fehler vorkommen, wenn Menschen beteiligt sind.

Viele Grüße nach Dortmund

Fritz Biedermann

Das Heizöl haben wir mittlerweile »entsorgt«.

---

## 6

# Texten in der Werbung

*Nicht alle mögen die Werbung. Das gilt vor allem für einen
Teil der Generation, die jetzt in der Verantwortung steht.
Für fast alle Achtundsechziger hat der Begriff »Manipulation«
eine große Rolle gespielt, und Werbung ist nun mal keine
objektive Information. Sie will überzeugen, verschweigt das
Negative und stellt geschickt das Positive heraus.*

*Werbung ist die logische Konsequenz der Marktwirtschaft.
Aber selbstflankierende Modelle wie Gemeinwirtschaft, Ge-
nossenschaftswesen und auch alternative wirtschaftliche
Strukturen kommen ohne Werbung nicht aus, weil sie sich ja –
zumindest im Außenverhältnis – marktwirtschaftlich verhalten. Ohne Werbung ist Marktwirtschaft nicht möglich. Jeder,
der Waren oder Dienstleistungen anbietet, muß das auch den
Menschen sagen, sonst hat er keine Chance. Er muß also werben. Das muß auch der Rundfunkredakteur – für seine
Abendsendungen, die Leiterin der Verbraucherzentrale – für
ihre Beratungsleistungen, und das muß auch Greenpeace – für
die Umweltaktionen. Junge Männer umwerben junge Frauen.
Und umgekehrt.*

*Eine andere Frage ist, ob man für bestimmte Dinge wer-
ben will. Das ist eine Gewissensfrage, die jeder Werber und
jede Agentur für sich ausmachen müssen. Es ist verständlich,
daß der eine nicht für Atomkraftwerke werben will, der
andere nicht für die Grünen, der eine nicht für die CDU, der
andere nicht für die Gewerkschaften, der eine nicht für Nord-
rhein-Westfalen, der andere nicht für Hamburger. Wir leben
nun einmal in einer pluralistischen Gesellschaft, und keiner*

*von uns kann sämtliche möglichen Standpunkte in sich vereinen. Aber das hat mit Werbung direkt nichts zu tun. Da geht es um bestimmte Parteien, Vereine, Verbände, Initiativen, Produkte und Dienstleistungen, also um so ziemlich alles, wofür man werben kann. Und werben kann man für alles, selbst für Aufkleber mit der Aufschrift »Werbung – nein Danke«, für das Andenken von Che Guevara und für den lieben Gott. Der Werbeetat für letzteren dürfte der traditionsreichste und umfangreichste überhaupt sein.*

*Bei Werbung denken wir je doch in erster Linie an Produkte und Dienstleistungen, an die Wirtschaft. Und da scheint das Problem vieler zu liegen, die sich einst zur Neuen Linken zählten. Sie stellen die berechtigte Frage nach dem Verhältnis von Wirtschaft und Ethik. Da sieht es nicht immer gut aus. Aber aus eigener Erfahrung weiß ich, daß die Ergebnisse in anderen gesellschaftlichen Bereichen auch nicht immer so rosig sind, etwa in der Kultur und in den Medien. Von der Politik ganz zu schweigen.*

*Die Werbung ist und bleibt ein wichtiger Faktor in der Wirtschaft, und sie hat Auswirkungen auf unser gesamtes Kommunikationssystem: auf unsere Art zu sehen, zu hören, zu lesen und zu reden. Im Jahr 1996 betrugen die Netto-Werbeeinnahmen über 37 Milliarden Mark\*. An der Spitze standen die Tageszeitungen mit über 10 Milliarden Mark. Ohne Werbung würden der »Focus« und der »Spiegel« weitaus mehr kosten als ein Mittagessen in einem überdurchschnittlichen Restaurant, und für eine Ausgabe der FAZ müßten wir einen Schein zücken. Mit den mittlerweile fast 8 Milliarden Mark, die für die Werbung im Fernsehen und Hörfunk ausgegeben werden, finanzieren die Rundfunkanstalten große Teile der Sachkosten und auch der Gehälter mehrerer Kulturredakteure, die bei dem Begriff Werbung das Gesicht verziehen und gerade noch das Wörtchen »Igitt!« unterdrücken können.*

---

\* Quelle: Zentralverband der deutschen Werbewirtschaft, ZvW, Bonn)

*Ein journalistischer oder literarischer Autor, der auch Werbe-
texte schreibt, spielt aus ihrer Sicht mit den »Schmuddel-
kindern«. Er begibt sich in die »Niederungen des Spätkapita-
lismus« und verrät die »wahren Werte der deutschen
Nationalsprache«. Er macht nicht mehr »Kunst an sich«,
sondern läßt sich instrumentalisieren.*

# Die »Verkäufer-Oper« AIDA

Mittlerweile hört man die genannten pseudokritischen Töne immer seltener. Nicht zuletzt, weil die Werbung einfach besser geworden ist. Es genügt nicht mehr, einen lustigen Zweizeiler zu dichten und eine Hausfrau ein Produkt loben zu lassen. Die Werber müssen schon mehr bringen, mehr Originalität und mehr Qualität. Aber auch darin liegt – meiner Meinung nach – eine Gefahr.

Zu Beginn der 90er Jahre startete eine Zigarettenfirma eine überaus originelle Werbekampagne. Sie spielte auf Plakatwänden mit Kamelen, Giraffen und Pyramiden, die Worte jonglierten nur so in der Gegend herum, und ich war hellauf begeistert. Genau in dieser Phase hörte ich auf zu rauchen. In zahlreichen Gesprächen stellte ich fest, daß sich für alle, die diese Werbung in den höchsten Tönen lobten, überhaupt nicht die Frage stellte, auf diese Zigarettenmarke umzusteigen.

Werbung ist nicht dann gut, wenn sie rein ästhetischen Anforderungen genügt. Sie muß Konsequenzen haben. Es ist wie beim Fußball: Am Schluß gibt es keinen Schönheitspreis, es zählen die Tore. Im Idealfall hat man beides: Unser Verein gewinnt in einem schönen Spiel durch schöne Tore.

Wir erkennen diesen Zusammenhang ganz deutlich, wenn wir uns die altbewährte »Verkäufer-Oper« AIDA anschauen:

| A | – | Attention | (Aufmerksamkeit) |
|---|---|-----------|------------------|
| I | – | Interest  | (Interesse)      |
| D | – | Desire    | (Wunsch)         |
| A | – | Action    | (Handeln)        |

In meinem Fall war hinter dem »I« das Ende der Fahnenstange. Ich wurde aufmerksam, mein Interesse war geweckt, aber der Wunsch, diese Zigarette zu rauchen, kam erst gar nicht auf. Auch bei der Cannes-Rolle entscheiden »A« und »I«.

Vielleicht hat das einen ganz einfachen Grund: Mit der Werbung beschäftigen sich aktiv und passiv viele kultivierte Menschen. Sie lehnen immer mehr einen wichtigen Teil unserer sozialen Schizophrenie ab, durch die Werbung und Kultur voneinander säuberlich getrennt werden. Und sie freuen sich, wenn ihre Arbeit ästhetisch wertvoll ist. Das ist ja auch gut so, aber ein Wunsch muß aufkommen, und der Kunde muß handeln. Sonst ist mal wieder der Werbeetat in den Sand gesetzt.

Es gibt allerdings Werbekampagnen, die langfristig wirken, und auch Erfolge, die nicht sehr leicht meßbar sind. Die Empirie hat ihre Tücken. Angenommen, ein Betrieb verkauft Plastiktüten. Der Umsatz geht zurück, und er beauftragt eine Werbeagentur damit, eine Kampagne für Plastiktüten durchzuführen. Das Ergebnis: Der Umsatz geht weiter zurück. Das muß allerdings nicht heißen, daß die Kampagne sinnlos war. Es könnte ja auch sein, daß ohne die Werbemaßnahme die Firma schon längst in Konkurs gegangen wäre, und die Kampagne den Rückgang gebremst hat.

Zahlen allein sagen wenig aus. Mein Professor in empirischer Sozialforschung erzählte uns einmal ein Beispiel: In irgendeinem Jahr gab es in Schleswig-Holstein wieder Störche. Und genau in jenem Jahr gab es die meisten Geburten in dem Bundesland. Also könnte die Schlußfolgerung lauten: Der Klapperstorch bringt doch die Kinder. – Wenn man sich allein auf Zahlen verläßt und die theoretischen Ansätze wegläßt.

Typisch dafür ist auch die folgende Geschichte:


## Das Märchen vom Marketing

Pirmasens ist eine hübsche Stadt in der Westpfalz. Eigentlich orientiert man sich hier eher am Saarland als an der Vorderpfalz. Einen eigenen Weinbau pflegt man nicht, denn es fehlen die natürlichen Voraussetzungen wie etwa an der Pfälzer Weinstraße bei Bad Dürkheim und Maikammer. Also drohte die Armut damals, zumal es keine Bodenschätze oder sonstige günstige Voraussetzungen gab. Aber man war erfinderisch in Pirmasens. Und fleißig! Die braven Leute entwickelten eine Industrie zu einer großen Blüte, auf der wir alle stehen: die Schuhindustrie.

Eines Tages hatte ein Geschäftsführer eine tolle Idee. Er wollte expandieren. Nicht ins Saarland, nicht nach Hessen oder nach Südeuropa, nein, er wollte es wirklich wissen: Afrika, so hieß sein Zauberwort – »Schuhe für Afrika«. Tag und Nacht träumte er davon. Er sah dralle Afrikanerinnen beim Tanz – das Wort »Negerinnen« vermied er selbstverständlich – und auch schwarze Jäger im Busch. Keine barfüßigen Barbaren, nein, zivilisierte Menschen mit Pirmasenser Schuhwerk. Damit wäre allen geholfen, glaubte der Geschäftsführer, dem schwarzen Kontinent und der Westpfalz, zumindest wirtschaftlich.

Was aber, wenn die Afrikaner die Pirmasenser Schuhe ablehnen? – Da wurde der Geschäftsführer auf einmal sehr nachdenklich. Er machte den berühmten Putzfrauen-Taxifahrer-Tennislehrer-Test, und alle seine Experten meinten: »Da könne man nicht sicher sein. Das müsse man sehen.« Er dachte: »Vox populi – Vox Demoskopie«, und trug sich sogar bisweilen mit dem Gedanken, richtige Experten zu beauftragen, dieses Problem zu lösen.

Aber dann schaute er auf die Zahlen, die ihm sein Buchhalter dezent auf den Schreibtisch legte, und er verzichtete auf diese Investition. Dafür schickte er seine beiden besten Männer nach Afrika, um die Marktchancen für Pirmasenser Schuhe zu erkunden. Und weil beide sich nicht gegenseitig hochjubeln oder verunsichern sollten, schickte er sie getrennt in den schwarzen Kontinent, um dort für die Firma zu forschen.

Nach drei Monaten kamen sie zurück. Ihre Ergebnisse sollten allen zu denken geben, die »Investitionen in die Köpfe« noch immer unter »Kosten« verbuchen:

Marktforscher A sagte:

**Wir haben große Chancen für unsere Schuhe, denn die Leute in Afrika laufen alle barfuß.**

Marktforscher B sagte:

**Wir haben dort überhaupt keine Chancen, denn die Leute in Afrika laufen alle barfuß.**

Frage: Wer hatte recht?

## Kein Bild sagt mehr als tausend Worte

Der Volksmund hat nicht immer recht. Auch wenn ihm die deutsche Umgangssprache manchmal zustimmt:
Wir machen uns zwar ein »Bild« von einer Situation, aber nur selten einen »Text«. Wir »bilden« uns weiter, aber wir »texten« uns nicht weiter. Und manchmal sind wir »eingebildet«, aber niemals »eingetextet«.
Das »Bild« ist der Stamm für die Bildung. Es prägt uns, und es prägt sich ein. Andererseits wissen wir, daß sich auch Satzfetzen im Gehirn einnisten können und dort sogar während des Schlafes wie Ohrwürmer herumkriechen.
Bilder nehmen wir ständig wahr, wenn man einmal von den traumlosen Phasen des Schlafes absieht. Sprache ebenfalls. Wir reden, hören, lesen und denken. Wir kombinieren Wörter nach mehr oder weniger bewußten Regeln, und damit verstehen wir uns – oder auch nicht. Die Sinne für die Sprache sind Augen und Ohren, während das Bild lediglich über das Sehen seinen Platz im Gehirn findet.
Was ist nun wichtiger, das Bild oder die Sprache? – Die Strukturen der deutschen Werbeagenturen scheinen den Volksmund zu bestätigen. Da findet man hervorragende Grafiker und ganz manierliche Konzeptioner. Wo aber sind die Texter? – Da läuft schon mal eine junge Frau durch den Flur, von der es heißt: »Sie macht bei uns den Text.« Von Haus aus hat sie mal irgend etwas gelernt, meistens aber »lernen wollen«. Und jetzt ist sie in der Agentur gelandet. Für wenig Geld kontaktet und textet sie für die visuellen Werbekünstler. Diese aber sind Stars: schicke Diplom-Designer mit Profi-Allüren.

Fast jeder, der auf Blättern herumzeichnet, schimpft sich in einer Werbeagentur »art director«. Eine üble Masche. Man kommt dem Sachverhalt etwas näher, wenn man diesen Phantasietitel deutsch ausspricht: »So eine Art Direktor ...« – Alles und alle haben englische Namen in einer Agentur. Da fliegen Begriffe durch die Luft wie »random sample« (Stichprobe), »ultimate consumer« und »market-research« (Marktforschung). Selbst die Texte haben eine angelsächsische Bezeichnung. Das weiß ich zwar schon lange, aber für dieses Buch mußte ich nachschlagen, um zu erfahren, welchen Beruf ich zeitweise ausübe. Ich bin ein »copy writer«. Die sprachliche Hochstapelei macht auch vor der Werbebranche nicht halt.

Man kann sich lange gegen eine solche Sprache wehren, aber durchhalten wird man das nicht können. Das ist nun mal die Fachsprache. Aber Hemmungen braucht man nicht zu haben, wenn man nicht versteht, was es bedeutet, wenn ein »copy writer« mit dem »copy« für den »balloon« des »testimonials« eines »opinion leaders« beschäftigt ist. Vielleicht schreibt er lediglich: »Als Fußballtrainer vertraue ich auf Taxi Burghard.«

Über eines können die modischen Fachausdrücke aber nicht hinwegtäuschen: Der Text ist ein Stiefkind in deutschen Agenturen. Nicht immer, aber sehr oft. Die Ausnahmen sind die »Guten«. Bei ihnen liegen Text und Konzeption in den Händen der Besten. Sie denken vor und nach, sie schauen über den Tellerrand hinaus, sind aktiv und kreativ, und sie können sich – wenn nötig – auch zurückhalten. Denn manchmal sagt das Bild wirklich mehr als tausend Worte.

Wir alle kennen die Witze mit der Bildunterschrift »ohne Worte«. Auch die ein- und ausdrucksvollen Fotos, die keinen Kommentar benötigen. Auch in der Kunst würde man sich durch eine ausführlichere Bildunterschrift lächerlich machen. Man stelle sich einmal vor: Dürers Betende Hände mit der Bildunterschrift »Betende Hände«!

Im Fernsehen aber zeigen uns die Realisatoren eine schöne Landschaft und lassen dabei den Sprecher sagen: »... eine schöne Landschaft«. Solche »Medienkünstler« sind verkappte

Für alle, die mit solch seltsamen Wörtern konfrontiert werden:
einige Fachbegriffe, die etwas mit Werbetexten zu tun haben können.

| | | |
|---|---|---|
| action | – | Handlung |
| advertising | – | Werbung |
| attention | – | Aufmerksamkeit |
| balloon | – | Sprechblase, zum Beispiel bei einem Comic |
| brand name | – | Markenname |
| briefing | – | Unterlagen des Auftraggebers |
| catch line | – | Text als Blickfang |
| ci | – | corporate identity (Einheitlichkeit der Firma) |
| consultant | – | Berater |
| copy | – | Text |
| copy chief | – | Cheftexter |
| copy writer | – | Werbetexter |
| copyright | – | Urheberrecht |
| costumer | – | Kunde |
| coupon | – | Antwortzettel, z.B. auf einer Anzeige |
| desire | – | Wunsch, z.B. der Kunden |
| direct mail | – | Direktwerbung mit Werbebriefen |
| eye catcher | – | Blickfang |
| folder | – | Prospekt |
| free lancer | – | freier Mitarbeiter |
| handling | – | Durchführung |
| headline | – | Überschrift |
| image | – | Erscheinungsbild |
| interest | – | Interesse |
| mailing | – | Werbebrief |
| marketing | – | Tätigkeiten auf dem Markt |
| message | – | Botschaft |
| opinion leader | – | Meinungsführer |
| presentation | – | Präsentation, z.B. einer Werbekonzeption |
| pretest | – | Test in einer Vorphase |
| response | – | Antwort, Rücklauf |
| slogan | – | Werbeparole |
| statement | – | Stellungnahme, z.B. im Fernsehen |
| testimonial | – | Plädoyer, z.B. eines Prominenten für ein Produkt |

Schullehrer. Sie trauen uns nichts zu und machen uns zum Objekt ihrer Informationen. Mitdenken unerwünscht! Phantasie ist nicht gefragt. Ähnlich handeln die Plakatkünstler bei politischen Wahlkämpfen. Da sah man in Überlebensgröße den Kopf von Helmut Kohl. Das müßte eigentlich reichen. Aber nein, dazu kommen noch die überaus wichtigen Informationen, daß der Mann Helmut Kohl heißt, daß er für die CDU kandidiert und daß man ihn wählen soll. Donnerwetter! Da lernt man etwas ... – Die Zielgruppe ist offensichtlich eine Horde von Menschen mit einem Intelligenzquotienten von 50 Pommes frites – oder so ähnlich. Allerdings vergessen diese Politik-Advertiser eins: Wem bei dem Antlitz von Helmut Kohl dessen Namen und Partei nicht einfallen, der wird auch das Wahllokal nicht finden.

Solchen Unsinn machen selbstverständlich nicht nur die Agenturen der CDU. In allen Parteien gibt es »Vordenker«, die ihren Wählerinnen und Wählern nichts zutrauen. Sie setzen die Agenturen unter Druck und verlangen sogar, daß noch auf jedem Plakat die Liste stehen soll. Offensichtlich für alle, die mit den Abkürzungen CDU, SPD und FDP nichts anfangen können ...

Dabei honorieren es die Wählerinnen und Wähler, wenn man ihnen etwas zutraut, wenn man sie mitdenken läßt und wenn man wirklich mit ihnen kommuniziert.

Das alles klingt modern und leuchtet auch sofort ein. Aber es ist auch falsch. Denn es kommt mal wieder darauf an, was man will. Die Wählerinnen und Wähler sollen sich ja auch den Namen des Kandidaten und der Partei noch fester einprägen. Selbstverständlich kennen sie beide, aber »kennen« kann bekanntlich unterschiedlich intensiv sein. Selbst Unbewußtes und Unterbewußtes spielen dabei eine Rolle. Also: wiederholen, wiederholen und nochmals wiederholen.

Jeder Fußballfan hat schon mal den Produkt- und Firmennamen »Coca-Cola« gehört. Da gibt es nur äußerst wenige Ausnahmen. Und dennoch gibt der Hersteller der schwarzen Limonade sehr viel Geld für Bandenwerbung aus. Darauf steht noch nicht einmal ein Slogan, sondern nur der Name des Getränks. Das genügt. Coca-Cola bleibt in Erinnerung. Und diese Worte sagen offensichtlich mehr als tausend Bilder.

## Der Werbeslogan

Mein bisher erfolgreichster Slogan bestand aus einem einzigen Wort: OSKAR. – Als Aufkleber war er beim saarländischen Landtagswahlkampf 1985 »der Renner«. In unserem Wahlkampfteam reduzierten wir den Spruch: »Wählt Oskar Lafontaine, SPD-Saar, Liste 2.« Zuerst verschwand die »Liste«, dann die Partei, danach die Aufforderung »wählt« und schließlich sogar der Familienname. All das haben wir gestrichen, nicht, damit diese Informationen unter den Tisch fallen. Sie sollten in den Köpfen der Leserinnen und Leser wie von selbst entstehen. Unsere Botschaft war: »Der Kandidat ist populär, denn wir nennen ihn beim Vornamen, und das genügt.«
Die politischen Mitbewerber konterten zeitweise mit dem Vornamen ihres Spitzenkandidaten. Sie ließ Wählerinnen und Wähler erklären, sie würden »Werner« wählen. Eine äußerst unproduktive Idee, denn die Menschen verglichen: Bei »Oskar«, da weiß man, wie der Nachname lautet, bei »Werner« weiß man es nicht. Also ist Lafontaine populärer. – Im Grunde halfen sie uns damit. Ein Slogan sollte also möglichst kurz und einprägsam sein. Aber wann ist das der Fall?

## ÜBUNG 25

Bei einem Brainstorming entwickelte ein Team fünf Werbeslogans für die (erfundene) Zigarettenmarke HASSO.

- **HASSO – die raucht man mit Freunden**
- **Chirurgen rauchen HASSO**
- **HASSO – weil Gesundheit leicht ist**
- **Nicht für jeden: HASSO**
- **HASSO – damit fängt der Genuß an**

Beantworten Sie bitte folgende Fragen:

1. Welche Zielgruppen werden mit welchem Slogan angesprochen?
2. Auf welche Gefühle spekulieren die Slogans?
3. Kritisieren Sie bitte alle Slogans! Denn alle sind schlecht.

## ÜBUNG 26

Sie haben den Auftrag, einen werbewirksamen Slogan gegen das Rauchen zu entwickeln. Er soll auf einem Großflächenplakat und in Anzeigen erscheinen.
Wie schreibt man nun einen Slogan? – Dafür gibt es, wie so oft in der Werbung, kein Patentrezept. Sonst würde ich sofort eine weitere Agentur aufmachen, die mit dem Spruch »Slogans aller Art« werben könnte. Das läuft auch nicht so, wie es sich Lieschen Müller und deren promovierte Geschlechtskollegin vorstellen. Man hat plötzlich eine Idee für einen originellen Spruch, schickt ihn ein und wird reich. Der Slogan ist oft das Ergebnis einer harten konzeptionellen Arbeit. Dabei geht es um Produktdesign, Zielgruppen, Wahrnehmungs-Ästhetik, Media-Planung, Logos und Signets und vieles mehr. Dabei arbeitet der Texter mit – als Experte für gesprochene und geschriebene Sprache. Sein Part besteht darin, die Anzeigen zu texten, die Hörfunk- und Fernsehspots, die Folders, Plakate und Mailings und: einen Slogan zu entwickeln. Das hat mit einem genialen Waldspaziergang, bei dem einem die Ideen nur so zufliegen, nichts zu tun. Das ist richtige Arbeit. Man entwirft, verwirft, stimmt ab, entwirft wieder neu, testet und textet wieder einmal, und irgendwann ist das Ergebnis da.

## Texten für Mailings

Nirgendwo wird in der Werbung so viel theoretisiert wie über Mailings. Mit Augenkameras kann man die Blickrichtung verfolgen, meistens von oben rechts, im Bogen nach links, nach unten rechts. Wenn es um originelle Responses geht, dann überschlagen sich die Direkt-Mailing-Agenturen. Mal findet man einen Glückspfennig in dem Brief und mal ein kleines Spielchen, bei dem man immer etwas gewinnt. Immer sieht das

Kuvert aus wie eine verkleinerte Plakatwand. Da tummeln sich Superlative mit Glückwünschen in grellen Farben, und wenn man das Kuvert aufgerissen hat, dann fallen gleich mehrere Prospektchen auf den Boden. Einen einfachen, gut getexteten Brief findet man aber nur selten.

## ÜBUNG 27

Schreiben Sie ein Mailing für ein Seminar. Es behandelt die Themen, die in diesem Buch angesprochen werden, also: Schreiben für Werbung, Presse und Öffentlichkeit. Das Mailing soll an die Ausbildungsleiter aller deutschen Großbetriebe verschickt werden. Die Zielgruppen für das Seminar sind Werbetexter, Pressesprecher und Konzeptioner.

## ÜBUNG 28

Im 2. Kapitel haben Sie die Arbeit und die Leistungen eines Textstudios kennengelernt. Schreiben Sie ein Mailing für ein solches Textstudio. Es geht an die Geschäftsleitungen aller deutscher Großbetriebe und an alle Werbeagenturen.

Was kommt nach dem Mailing? – Die Inflation! – Denn die gibt es nicht nur beim Geld, sondern auch bei Ideen. Der beste Witz kommt nicht mehr an, wenn man ihn dreimal täglich hört. Die Branche ist verdammt zur Kreativität, und dadurch definiert sie sich.
Heute ist morgen schon gestern. Das Neue verliert mit der Zeit an Wert, es altert und verliert seinen Reiz. Man mag diesen Prozeß bedauern. Aber das ist die Realität, die »normative Kraft des Faktischen«. Es ist nun einmal so: »Times are changing«, »panta rhei« und »daß nichts bleibt, wie es war«. Die Dynamik greift immer mehr und überall, auch in der Kommunikation.
Vergänglich ist auch einiges, was zwischen den Menschen stattfindet. Nicht alles, aber bestimmte Formen. Und einiges

kommt wieder zurück. Einst war zum Beispiel das Mailing eine tolle Erfindung. Tausende, Zehntausende und Hunderttausende von Briefen flatterten in die damals noch unschuldigen Briefkästen. Da steckte System dahinter: Anschreiben, Responses und Prospekt. Die Bezeichnungen änderten sich, die Facts aber blieben. Wie freuten wir uns, wenn wir einen Brief mit persönlicher Ansprache öffnen durften! – Wie staunten wir über das »Handling«! – Wie büffelten wir die unumstößlichen Gesetze des Mailings! – Aber dann, nach dem hundertsten »sehr geehrter Herr Sowieso«, stellten wir fest, daß sich Gewohnheit mit ökologischem Bewußtsein verbündeten. Auf den Briefkastenklappen der Haushalte stand plötzlich »Bitte keine Werbung einwerfen!« – Wer es dennoch tut, macht sich strafbar. Das BGH-Urteil AZ. VI ZR 182/88 spricht eine klare Sprache. Auch wenn dem nicht so wäre: Immer mehr Mailings wandern ungeöffnet in die »senkrechte Rundablage«, genannt: Papierkorb.

Das Mailing ruht in Frieden. Die Hinterbliebenen fristen ein trauriges Dasein. Sie erzählen von früher, als der Begriff »Response« noch seinen Namen verdiente, sie fürchten sich vor der Zukunft und suchen die Alternative.

Dazu zwei Thesen:

1. Das Mailing hat aufgehört, eine Soloinstrument zu sein. Es ist aber auch weiterhin ein wichtiges Instrument in einem Orchester, in dem aber die Telekommunikation immer mehr die erste Geige spielt.
   Klartext: Nach dem Mailing kommt die professionelle telefonische Nachfaßaktion.
2. Das Mailing muß individueller sein. Unsere Wunschkunden sind keine Massenmenschen. Sie brauchen individuelle Ansprache und nüchterne Fakten, wenn es um Kosten-Nutzen geht. Und eine wirklich ansprechende Sprache.
   Klartext: Vor dem Mailing kommt die Qualifikation der Texterinnen und Texter. Nach dem Mailing kommt dann – der Erfolg.

## Lösungsvorschläge

### ÜBUNG 25

Bei einem Brainstorming entwickelte ein Team fünf Werbeslogans für die (erfundene) Zigarettenmarke HASSO.

1. Welche Zielgruppen werden mit welchem Slogan angesprochen? Der Begriff »Zielgruppe« ist sehr problematisch. Mir persönlich ist er nicht vielfältig genug, und er respektiert auch zu wenig die Dynamik, die in allen gesellschaftlichen Phänomenen steckt.
Man kann das an zwei Beispielen klarmachen:

a) **Getränke:**
Welches ist die Zielgruppe für Mineralwasser? – Es kommt eben drauf an. Man wird wohl kaum sagen können »die linksrheinischen katholischen Radfahrer ab 40 mit mittlerem Bildungsabschluß« oder »die rechtsrheinischen evangelischen Nichtschwimmer mit Eigenheim und drei Kindern«. – Das hängt mehr mit Situationen zusammen: Wenn es im Sommer sehr heiß ist, wenn jemand abnehmen will usw.

b) **Fernsehsendungen:**
An welche Zielgruppe richtet sich die Tagesschau? – An alle! Mit dieser Zielgruppe hat man die wenigsten Schwierigkeiten. Mal schaue ich mir ein Kulturmagazin an, mal ein Fußballspiel, und manchmal habe ich Lust auf einen richtigen alten Kitschfilm, am liebsten mit Hans Albers. Das alles hängt von meiner Stimmung ab und von dem Angebot.

Der Begriff »Zielgruppe« taugt bestenfalls in Extremfällen (Jeans für Jugendliche, Aufbausäfte für Senioren, Marienstatuen für Katholiken) und als theoretisches Konstrukt. Das heißt: Danach muß man weiterdenken. Versuchen wir es mal:

**HASSO – die raucht man mit Freunden**
gesellige Typen

**Chirurgen rauchen HASSO**
Gesundheitsbewußte und Prestigedenker

(auf keinen Fall Chirurgen, sondern Leute, die es gerne wären oder mit einem Chirurgen Tennis spielen möchten)

**HASSO – weil Gesundheit leicht ist**
Gesundheitsbewußte

**Nicht für jeden: HASSO**
Prestigedenker

**HASSO – damit fängt der Genuß an**
Genießer

2. Auf welche Gefühle spekulieren die Slogans?
Diese Frage haben wir bei den Zielgruppen bereits beantwortet. Die »Hitparade«:

   – Gesundheitsbewußte und Prestigedenker (je zwei Nennungen)
   – gesellige Typen und Genießer (je eine Nennung)

Ideal ist es natürlich, wenn man Gefühlsströme bündelt, also »kombiniert« – wie bei »Chirurgen rauchen HASSO«. Allerdings ist das kein brauchbarer Slogan.

3. Kritisieren Sie bitte alle Slogans! Denn alle sind schlecht.

   Alle Slogans sind zu vordergründig. Man merkt die Absicht. So kann man heute nicht mehr werben. Die Botschaft ist heute »gesplittet«. Ein Teil der »Message« kommt über das Bild, ein Teil über den Text und ein Teil auch eventuell über den Produktnamen.

## ÜBUNG 26

Sie haben den Auftrag, einen werbewirksamen Slogan gegen das Rauchen zu entwickeln. Er soll auf einem Großflächenplakat und in Anzeigen erscheinen.

Wir haben uns schon mehrmals in unseren Textseminaren mit dieser Aufgabe beschäftigt. Die zwei besten Ergebnisse:

**Eine Zigarette als hübsches Mädchen sagt: »Mach mich nicht an!«**

Dieser Slogan ist bei einem Brainstorming entstanden. Wir sind bewußt nicht nach dem Schema vorgegangen: Was will ich sagen? Und wie setze ich das um? – Wir haben das getan, was Kreative sehr oft machen: das Pferd am falschen Ende aufgezäumt. Das hieß: Wir haben bereits am Anfang Begriffe gesammelt, die etwas mit dem Rauchen zu tun haben. Dann haben wir diejenigen Wörter ausgewählt, die eine doppelte Bedeutung haben. Dabei war auch »anmachen« – im Sinne von »anzünden«. Nun stellte sich folgendes Problem: Wir wollten ja, daß die Leser des Plakates oder der Anzeige mit dem Rauchen aufhören und keine Zigarette mehr anmachen. Also mußten wir das Wort verneinen – nicht drohend, sondern sympathisch.

**Ein älterer, sehr jugendlich gekleideter Mann joggt an einem Hamburger Lokal vorbei (mit Walkman), und im Vordergrund meint ein junges Mädchen: »Er hat die Luft von drei Lungen.« Drunter steht: Der Bundesgesundheitsminister: »Nichtrauchen ist echt geil, äääh ...«**

Hier ist das Nichtrauchen positiv besetzt. Wer nicht raucht, bleibt gesund, jung und potent. Das Plakat wirkt witzig durch den Kontrast (älterer Mann joggt), durch das Sprachspiel (abgeleitet von »Kraft zweier Herzen«) und durch das extrem unübliche Zitat des Bundesgesundheitsministers.

Eindeutig falsch ist alles, was den Rauchern mit gesundheitlichen Schäden droht. So originell das rauchende Skelett mit der Unterschrift »Rauchen macht schlank« auch ist. Es wird keinen Raucher davon abhalten, weiter zu den Glimmstengeln zu greifen. Wir wollen ja nicht die Nichtraucher bestätigen, sondern die Raucher dazu bringen, daß sie nicht mehr rauchen. Nichtrauchen muß man also positiv besetzen. Erst dann funktionieren »Desire« und »Action«.

## ÜBUNG 27

Die Aufgabe lautete:
»Schreiben Sie ein Mailing für ein Seminar! Es behandelt die Themen, die in diesem Buch angesprochen werden also: Schreiben für Werbung, Presse und Öffentlichkeit. Das Mailing soll an die Ausbildungsleiter aller deutschen Großbetriebe verschickt werden. Die Zielgruppen für das Seminar sind Werbetexter, Pressesprecher und Konzeptioner.«

Es gibt sicher mehrere gute und sinnvolle Lösungen. Unser Vorschlag:

**Texten für Werbung, Öffentlichkeits- und Pressearbeit ...**

**... ist »geistige Sebwerstarbeit«. – Papier ist bekanntlich geduldig. Unsere Kunden sind es aber nicht. Sie wollen uns verstehen – schnell und genau. Und darum geht es: um eine ansprechende, glaubhafte und somit wirkungsvolle schriftliche Kommunikation.**

**Das Seminar behandelt folgende Fragen:**

- **Wie bereite ich mich aufs Schreiben vor?**
- **Wie schreibe ich präzise?**
- **Wie wecke ich die Aufmerksamkeit?**
- **Wie schreibe ich plastisch?**
- **Wie verhindere ich einseitige Kommunikation?**
- **Wie gehe ich mit verschiedenen Sprachebenen um?**
- **Wie schreibe ich unterhaltend?**
- **Wie wirkt das geschriebene Wort auf die Leser?**

**Zielgruppen: Werbetexter, Pressesprecher, Konzeptioner**

**Bringen Sie zu dem Seminar eigene Texte mit!**

**Wir analysieren sie gemeinsam und entwickeln Alternativen.**

### ÜBUNG 28

Die Aufgabe lautete:
»Schreiben Sie ein Mailing für ein Textstudio! Es geht an die Geschäftsleitungen aller deutschen Großbetriebe und an alle Werbeagenturen.«
Eine mögliche Fassung:

**Wir texten für Sie**

**Sie haben viele wichtige Aufgaben.**
**Sie können sich nicht auch noch mit Formulierungen herumquälen.**

**Wir bearbeiten in unserem Textstudio Ihre Stichworte und Rohfassungen.**
Wir texten, redigieren und optimieren:

- **Standardbriefe und Textbausteine,**
- **Anzeigen, Prospekte und Broschüren,**
- **Mailings und Telefonskripts,**
- **Bedienungsanleitungen,**
- **Pressemeldungen und Reden,**
und vieles mehr.

Der Weg ist denkbar einfach:
Sie faxen Ihren Auftrag und Ihre Rohfassung an 068 05/219 09.
Wir texten und faxen zurück.
Fordern Sie uns heraus!

Falls Sie noch Fragen haben: 068 05/10 02.

## 7

# SCHREIBEN FÜRS TELEFON

*Man weiß mittlerweile, daß die Hinweise »Seien Sie doch etwas freundlicher am Telefon!« und »Leiern Sie doch nicht so!« auf keinen Fall ausreichen. Effizient und professionell telefonieren kann und soll man lernen. Auch das Telefaxen, denn es hat seine eigenen Gesetze und seinen festen Platz in dem Konzert der Kommunikationsinstrumente – irgendwo zwischen Brief und Telefon. Es erfordert aber noch eher eine mündliche Sprache als der Brief.*

*Beschäftigen wir uns einmal etwas näher mit der Telefon-kommunikation.*

| Direkte Kommunikation | Telefonkommunikation | Textkommunikation |
|---|---|---|
| Sprache | Sprache | Sprache |
| Gestik | ? | ? |
| Mimik | ? | ? |
| zweiseitig | zweiseitig | einseitig |

Gestik und Mimik gibt es auch am Telefon. Man nimmt beides aber nur indirekt wahr. Ein Lächeln kann man zwar hören, aber ein Stirnrunzeln bestenfalls über die Atmung oder den damit verbundenen Tonfall. Weil Gestik und Mimik als Informationsquellen wegfallen, müssen wir also etwas stärker betonen. In der Textkommunikation machen wir das durch Satzstellung, Hervorhebungen und durch literarische Kommunikation.

Halten wir zuerst einmal fest: Wir brauchen eine mündliche Sprache, eine »Spreche«. In vielen Fällen muß man sie schreiben – zum Beispiel beim Telefaxen oder bei Telefonmarketing-Aktionen. Und das ist gar nicht so einfach. Das muß man üben.

## Es gilt das gesprochene Wort

### ÜBUNG 29

Der folgende Text ist in (schlechter) Schriftsprache geschrieben. So redet kein Mensch. Schreiben Sie diesen Dialog bitte so um, daß sich ein wirklich mündliches Streitgespräch ergibt. Es können ruhig die Fetzen fliegen!

**Er: Gestern um acht Uhr rief ich dich, wie ich es versprochen hatte, an.**

**Sie: Du hattest nicht versprochen anzurufen. Du hast gesagt, du kämst, nachdem du mit der Arbeit fertig bist, vorbei.**

**Er: Sei nicht so empfindlich. Früher bist du anders und gar nicht so kleinlich gewesen.**

**Sie: Ich ärgere mich über dich. Das kommt in letzter Zeit, seitdem du den neuen Job hast, oft vor.**

**Er: Was kann ich tun, um dich wieder freundlich zu stimmen? Nimmst du eine Einladung zum Essen mit anschließendem Discobesuch und Spaziergang bei Nacht an?**

**Sie: Jetzt versuche nicht diese Tour. Du glaubst, du könntest mich um den kleinen Finger wickeln, wenn du jetzt wieder anfängst, mir nach dem ganzen Theater – und weil du ein schlechtes Gewissen hast – die Ohren vollzusäuseln.**

**Er: Gut, wenn du das so siehst, betrachte unsere Unterhaltung als beendet. Ich werde dich nicht weiter mit meinen Säuseleien und den Versuchen, dich zu besänftigen, belästigen.**

**Sie: Das ist auch besser so. Außerdem bin ich schon mit Klaus, den ich gestern auf dem Tennisplatz kennengelernt habe, zum Tanzen und Miteinanderreden verabredet.**


## ÜBUNG 30

Schreiben Sie bitte folgenden schriftlichen Text um in eine lockere gesprochene Sprache. Lassen Sie aber bitte keine Information weg.

**»Als ich vor Seminarbeginn
das Gelände des Medienzentrums
betrat, sah ich hinter dem
Haus eine Schafherde, worüber
ich sehr erstaunt war.«**


## ÜBUNG 31

Bitte übersetzen Sie den folgenden Text in die Schriftsprache:

**Stell dir mal vor! Ich stehe unter der Dusche, auf einmal klingelt das Telefon. Ich stürze raus, nehme noch das Handtuch, das blaue, und wie ich den Hörer abhebe – nichts. Eingehängt. Ärgerlich ist doch so etwas! Einfach ärgerlich.**

## ÜBUNG 32

Bitte übersetzen Sie folgenden Text in gesprochene Sprache:

**Als ich gestern mit meiner Freundin, die ich schon lange nicht mehr gesehen hatte, gemeinsam in ihrer Wohnung saß und plauderte, da klingelte es an der Haustür, worauf sie öffnete und mit einem Telegramm ihres früheren Freundes in den Händen strahlend zurückkam.**

## ÜBUNG 33

Im folgenden Satz gibt es kein einziges Komma.

**Der Kanzler sagt Lafontaine ist ein Esel.**

Machen Sie aus diesem Satz

– zuerst eine CDU-Fassung
– und dann eine SPD-Fassung.

Sie dürfen

– kein Wort ändern,
– kein Wort streichen,
– kein Wort hinzufügen,
– nicht die Reihenfolge ändern.

Das einzige »Werkzeug«, das Ihnen zur Verfügung steht: das Komma.

# Wir markieren Texte

Es ist erstaunlich, daß ein einziges Komma den Sinn eines Satzes erheblich verändern kann. Denn Satzzeichen gliedern. Eins aber sind sie auf keinen Fall: Hinweise auf die Betonung. Wer nur dann – und immer dann – Pausen macht, wenn ein Satzzeichen steht, der liest wie ein Erstkläßler. Deshalb empfehlen wir auch unseren Seminarteilnehmern ein ganz anderes Markierungssystem.

Bitte verraten sie mich nicht: Ich habe es vom Rundfunk geklaut. Dort müssen die Sprecher der Hörfunkfeatures ja auch ihre Texte markieren. »Sie zeichnen ein« – wie die Schauspieler. Meistens beschränken sie sich auf die wichtigsten Wörter und Pausen, denn das andere können sie.

Wir haben bei diesem »Know-how-Transfer« bewußt Äpfel mit Birnen verglichen: Rundfunk mit Telefon. In beiden Fällen geht es um das gesprochene Wort, und in beiden Fällen kann es vorkommen, daß der Text vorgeschrieben ist.

Wie markiert man nun einen Text?

- **die wichtigsten Wörter: durch Unterstreichungen**

Bitte darauf achten, daß nicht zuviel unterstrichen ist, denn wer alles betont, der betont überhaupt nichts. Die wichtigsten Wörter müssen auch nicht unbedingt Substantive sein. Angenommen, der Kanzler hätte seine Aussage, wonach Oskar Lafontaine ein Esel sei, nicht gesagt, sondern gesungen. Das kann man sich schlecht vorstellen, aber nur mal angenommen … Bei einer Fastnachtsveranstaltung zum Beispiel. Dann würde man das Wort »singt« unterstreichen.

Meistens sind die wichtigen Wörter die Hauptwörter. Den Satz

**»Der Kanzler sagt, Lafontaine ist ein Esel.«**

könnte man auch in Form einer Gleichung ausdrücken. Die lautet dann:

**Kanzler : Lafontaine = Esel.**

Die drei Hauptwörter sind also in diesem Fall wirklich die wichtigsten.

- **die Pausen: durch senkrechte Striche**

Die erste Pause kommt zwischen »sagt« und »Lafontaine«. Die zweite gleich hinter »Lafontaine«. Durch Pausen kann man immer das unterstreichen, was danach kommt. Angenommen, man macht noch eine kleine Pause hinter »Kanzler«. Dann entsteht eine »Mini-Spannung«. Was ist mit dem Kanzler? Ist er zurückgetreten? Oder was ist los? – Man wartet gespannt auf das Verb.

- **das Tempo: durch gestrichelte Linien**

Man könnte zum Beispiel »ist ein Esel« schneller aussprechen.
Beim Tempo werden übrigens die meisten Fehler gemacht. Die
wichtigsten Wörter und die Pausen – das versteht man schnell,
aber dann noch das Tempo steigern? – Das scheint schwierig
zu sein. Doch ohne Tempowechsel wirkt ein Text monoton,
und wenn man dann noch Pausen macht, dann wirkt er abgehackt. Die Faustregel: sehr viele Pausen, aber unbedingt
Tempo wechseln.

- **die Zusammenziehungen: durch Verbindungslinien**

Zusammenziehen könnte man zum Beispiel »Der« und
»Kanzler«. Das Wort »Der« ist ein Art Auftakt. Ohne den Artikel würde man die Aussage auch verstehen. Allerdings klingt
das allzusehr nach der Sprache des preußischen Kasernenhofs:
»Kanzler sagt, Lafontaine ist Esel.« Wenn man die Artikel
wegläßt, dann knarrt und schnarrt es wie weiland bei Leutnant
Zitzewitz. Verstanden?

- **die Pointierungen: durch Punkte**

Das machen Politiker häufig. Sie betonen und »hacken« die
drei letzten Wörter. Man hört, daß sie dabei eigentlich auf das
Rednerpult klopfen wollten. In diesem Fall würde das heißen:
Pausen zwischen »Lafontaine«, »ist«, »ein« und »Esel«. Probieren Sie es doch mal! Einfach bei den letzten drei Wörtern
mit der Faust auf den Tisch klopfen. – Hört sich doch sehr
parlamentarisch an, oder?

- **die beiläufige Bemerkung: durch Klammern**

Da kommt es darauf an. Was ist nicht so wichtig? – Daß es der
Kanzler gesagt hat – und nicht der CSU-Vorsitzende? Daß er
es über Lafontaine gesagt hat – und nicht über Schröder? – Es
gibt also mehrere Möglichkeiten, die Klammer zu setzen.
Versuchen Sie doch mal, den Satz verschieden auszusprechen:

**(Der) Kanzler sagt, Lafontaine ist (ein) Esel.**
Fassung: Zitzewitz

**(Der) Kanzler sagt, Lafontaine ist ein Esel.**
Fassung: Politiker

**Der Kanzler sagt, Lafontaine ist ein Esel.**
Fassung: sachlich

## ÜBUNG 34

Bitte markieren Sie den folgenden Text und lesen Sie ihn mit übertriebener Betonung!

»**Ohne Telefon sind wir auf die Dauer nicht konkurrenzfähig. Was nutzt das beste Produkt, wenn es keinen guten Service gibt? Und ein wichtiges Medium ist nun mal die Sprache. Bei uns: die gesprochene Sprache, am Telefon.**«

## Aufbau eines Telefonskripts

Wie viele Telefonaktionen scheitern daran, daß man die Absicht merkt und verstimmt ist. Wenn mich jemand anruft, um mir über Warentermingeschäfte Kaffee zu verkaufen, dann schwärme ich der freundlichen Dame immer vor, wie gut mir ein richtiger Expresso nach dem Essen schmeckt, am besten mit einem Marc de Champagne. Ich werde zynisch. Die Gründe: Ich habe weder das Geld noch die Nerven für Warentermingeschäfte, und ich merke, daß mich mein Gegenüber nicht ernst nimmt. Sie telefoniert mal ein paar Dutzend Nummern durch, und sie interessiert sich überhaupt nicht für mich und meine Einwände.

Telefonaktionen können nerven. Man steht unter der Dusche, dann klingelt das Telefon, und jemand fragt, ob wir uns nicht doch für eine dritte Kreditkarte entscheiden wollen. Das nervt nicht nur, das ist auch verboten. Wichtiger sind Inbound-Aktionen, also Anrufe der Kunden, Telefonservice und Telefonmarketing »business-to-business«. – Das ist erlaubt und überaus sinnvoll.

Der ehemalige saarländische Umweltminister Jo Leinen machte beim »Telephone Marketing Symposium 1991 in Kopenhagen« folgende Rechnung auf: »Sie sehen, daß in Europa im Jahr 1989 etwa 11,3 Milliarden Werbebriefe verschickt worden sind. Nehmen wir einmal zugunsten der Branche an, daß es sich immer um ein 20 g-Mailing gehandelt hat, dann wurden nach meiner Rechnung 226 120 000 Kilogramm oder 226 120 Tonnen Papier, tja man kann sagen – verschwendet. Insbesondere dann, wenn die Branche bei einem Prozent Response schon jubelt.« (Zitiert nach TAS – Der heiße Draht, November 1991.)

Außerdem beruft sich Leinen auf die »Wirtschaftswoche«, wonach es in Deutschland etwa 600 000 reine Außendienstverkäufer gibt, die täglich im Schnitt 40 Kilometer zurücklegen. Das entspricht einem Benzinverbrauch von 2,4 Millionen Litern pro Tag. Würden nur etwa zehn Prozent aller geschäftlichen Autofahrten durch professionelles Telefonieren ersetzt, dann würden 3,9 Millionen Liter Benzin weniger verbraucht. Wohlgemerkt – pro Tag!

Telefon-Marketing wird niemals Mailings ersetzen können, auch keine direkten Kontakte. Es wird aber sicher beides reduzieren, denn das gestiegene Umweltbewußtsein zwingt uns, stärker das Telefon und das Telefax zu nutzen. Professionell allerdings.

Für Outbound-Aktionen heißt das auch:

a) klare Dramaturgie des Telefonskripts,
b) gesprochene, lesbare Sprache,
c) Markierung durch die Telefonisten.

Ein typisches Telefonskript ist folgendermaßen aufgebaut:
(Eigentlich sollte man kein Know-how verraten. Aber das habe ich in diesem Buch schon so oft getan. Jetzt kommt es darauf auch nicht mehr an ...)

# Zum Beispiel Gebäudereinigung

| E –<br>Einstieg | A –<br>Ansprache | E<br>Einwandkatalog |
|---|---|---|

➡ *Einstieg*

Gruß, Vorstellung
(Wenn Ansprechpartner bekannt:)
Bitte, mit ihm zu verbinden
(Wenn Ansprechpartner nicht bekannt:)
Bitte, mit dem zuständigen Mitarbeiter zu verbinden
(Auf die Frage, worum es geht:)
Kompliziert wirkende Antwort – dann stellt die Sekretärin
eher durch
(Falls Ansprechpartner nicht da:)
Frage, wann man ihn erreichen kann
(Falls Ansprechpartner da:)

➡ *Ansprache*

Bezug nehmen, zum Beispiel auf ein Mailing
(Wenn große Chancen:)
Termin abmachen
(Wenn nur geringe Chancen:)
Versuchen, Termin abzumachen, um Probleme zu besprechen
(Wenn überhaupt keine Chancen:)
Fragen, ob man später nochmal anrufen kann. Danken.

➡ *Einwandkatalog*

Hier listet man mögliche Einwände auf – mit Gegen-
argumenten.
Das Telefongespräch steht zwischen dem Mailing und dem
Besuch. Es »filtert« also und verhindert unnötige Fahrerei.
Die Besuche des Außendiensts sind vorbereitet, also qualifi-
zierter. Dadurch spart man Geld und Zeit, man schont die
Nerven der Mitarbeiter und nicht zuletzt die Umwelt.

➡ *Einstieg*

**Guten Tag, hier ist die Firma XYZ. Mein Name ist XYZ.**
(Wenn Ansprechpartner bekannt:)
**Bitte verbinden Sie mich mit Herrn/Frau XYZ.**
(Wenn Ansprechpartner nicht bekannt:)
**Verbinden Sie mich bitte mit dem Mitarbeiter, der für die Gebäudereinigung zuständig ist!**
(Auf die Frage, worum es geht:)
**Es geht um den Briefwechsel von letzter Woche, um das ökologische Servicepaket und um die Arbeit unserer Beauftragten für Wasserschutz und Gefahrengut.**
(Falls Ansprechpartner nicht da:)
**Wann kann ich Herrn XYZ denn erreichen?**
(Falls Ansprechpartner da:)

➡ *Ansprache*

**Herr/Frau XYZ, wir haben Ihnen in der letzten Woche geschrieben.**
**Wir würden gerne von Ihnen wissen, wie Sie bisher Ihre Gebäudereinigung organisieren?**
(aktiv zuhören; mitschreiben)
**Ein Beispiel für ein ausgeschriebenes Telefonskript:**

**Wenn große Chancen:**

**Herr/Frau XYZ,**
**Dann ist für Sie sicher ein Gespräch mit Herrn XYZ interessant.**
**Wann ist es Ihnen denn recht?**
(Termin abmachen)

**Wenn nur geringe Chancen:**

(Einwände notieren, zusammenfassen)
**Herr/Frau XYZ,**
**Ich glaube, wir haben da eine Lösung. – Ich will Ihnen**

aber nicht zuviel versprechen. Am besten reden Sie mal mit Herrn XYZ. Wann ist es Ihnen denn recht?
(Termin abmachen)

**Wenn überhaupt keine Chancen:**

**Herr/Frau XYZ**
**Sie sehen also zur Zeit wenig Möglichkeiten? – Wann sollen wir denn noch mal Kontakt mit Ihnen aufnehmen?**
(Antwort abwarten)
**Dann danke ich Ihnen für das (informative/freundliche) Gespräch.**

➡ *Einwandkatalog*

1. **Sie stören mich mit Ihrem Anruf!**
   Das verstehe ich gut. Auch bei uns klingelt ständig das Telefon. – Darf ich Sie in den nächsten Tagen noch mal anrufen – wenn es Ihnen besser paßt?

2. **Wir brauchen keine Gebäudereinigung!**
   Könnten Sie mir bitte die Gründe nennen?

3. **Wir machen das selbst!**
   Dann müßte Sie eigentlich ein Kostenvergleich interessieren.

4. **Wir beauftragen ein anderes Gebäudereinigungsunternehmen!**
   Vielleicht interessiert Sie mal ein Preis-Leistungs-Vergleich?

5. **Schicken Sie mir zuerst einmal Unterlagen!**
   Das machen wir natürlich gern. Aber Sie wissen ja selbst: Kein Betrieb ist wie der andere. Am besten bespricht man das vor Ort.

6. **Was kostet das?**
   Das hängt natürlich vom Leistungsumfang ab. Sie wissen

ja selbst: Kein Betrieb ist wie der andere. Am besten bespricht man das vor Ort.

## ÜBUNG 35

Sie wollen Ihrem Kunden im Rahmen einer Telefonaktion erklären, warum Sie die Skriptentwicklung gesondert berechnen. Ihr Hauptargument ist die Qualität der Anrufe.
Eine Passage des Telefonskripts lautet:

> **Der Erfolg einer Telefonaktion steht und fällt mit der Tatsache, daß das Skript nicht monoton gesprochen wird, was wir durch Vermeidung der Schriftsprache und durch eine Qualifizierung unserer Mitarbeiterinnen in der speziellen Telefonrhetorik erreichen.«**

Schreiben Sie bitte den Text um in Skriptsprache.

Texte sollte man laut lesen. Am besten, Sie nehmen sich selbst auf Band auf, Erschrecken Sie nicht über Ihre eigene Stimme! Versuchen Sie mal, Ihre Sprache einzuschätzen! Das folgende Schema kann dazu eine Hilfe sein. – Bitten Sie auch einmal einen lieben Menschen, er soll ebenfalls Ihre gesprochene Sprache einschätzen! Vier Ohren hören bekanntlich mehr als zwei.

### Bewertungsskala
### für gesprochene Sprache

| | | | | | | | | |
|---|---|---|---|---|---|---|---|---|
| schnell | 3 | – 2 | – 1 | – 0 | – 1 | – 2 | – 3 | langsam |
| laut | 3 | – 2 | – 1 | – 0 | – 1 | – 2 | – 3 | leise |
| privat | 3 | – 2 | – 1 | – 0 | – 1 | – 2 | – 3 | offiziell |
| monoton | 3 | – 2 | – 1 | – 0 | – 1 | – 2 | – 3 | dynamisch |
| langatmig | 3 | – 2 | – 1 | – 0 | – 1 | – 2 | – 3 | prägnant |
| offensiv | 3 | – 2 | – 1 | – 0 | – 1 | – 2 | – 3 | ausweichend |

# *Lösungsvorschläge*

## ÜBUNG 29

Der folgende Text ist in (schlechter) Schriftsprache geschrieben. So redet kein Mensch. Schreiben Sie diesen Dialog bitte so um, daß sich ein wirklich mündliches Streitgespräch ergibt. Es können ruhig die Fetzen fliegen!

Er: Gestern um acht Uhr rief ich dich, wie ich es versprochen hatte, an.
**neu: Gestern habe ich dich angerufen. Um acht. Das hab' ich versprochen.**

Sie: Du hattest nicht versprochen anzurufen. Du hast gesagt, du kämst, nachdem du mit der Arbeit fertig bist, vorbei.
**neu: Du und versprochen! – Wolltest vorbeikommen, direkt nach der Arbeit.**

Er: Sei nicht so empfindlich. Früher bist du anders und gar nicht so kleinlich gewesen.
**neu: Jetzt sei doch nicht so empfindlich. Früher warst du ganz anders. Und nicht so kleinlich…**

Sie: Ich ärgere mich über dich. Das kommt in letzter Zeit, seitdem du den neuen Job hast, oft vor.
**neu: Ich bin echt sauer. Weil es so oft vorkommt – in letzter Zeit. Seit du diesen neuen Job hast…**

Er: Was kann ich tun, um dich wieder freundlich zu stimmen? Nimmst du eine Einladung zum Essen mit anschließendem Disco-besuch und Spaziergang bei Nacht an?
**neu: Tut mir leid. Kann ich das irgendwie wieder gutmachen? Vielleicht mit 'nem kleinen Essen? Danach in die Disco? Und dann ein kleiner Spaziergang – bei Nacht.**

Sie: Jetzt versuche nicht diese Tour. Du glaubst, du könntest mich um den kleinen Finger wickeln, wenn du jetzt wieder anfängst, mir nach dem ganzen Theater – und weil du ein schlechtes Gewissen hast – die Ohren vollzusäuseln.
**neu: Jetzt versuch nicht diese Tour. Du glaubst wohl, du kannst mich um den kleinen Finger wickeln? Nach dem**

ganzen Theater... Du hast wohl ein schlechtes Gewissen, he? – Mir so die Ohren vollzusäuseln...

Er: Gut, wenn du das so siehst, betrachte unsere Unterhaltung als beendet. Ich werde dich nicht weiter mit meinen Säuseleien und den Versuchen, dich zu besänftigen, belästigen.
neu: Gut, wenn du das so siehst... Dann brauchen wir ja überhaupt nicht mehr miteinander zu reden. Keine Angst! Ich werde dich nicht mehr belästigen – mit meinen »Säuseleien«... Ich wollte doch nur...

Sie: Das ist auch besser so. Außerdem bin ich schon mit Klaus, den ich gestern auf dem Tennisplatz kennengelernt habe, zum Tanzen und Miteinanderreden verabredet.
neu: Das ist auch besser so. Tse! Außerdem habe ich jetzt ein Rendezvous. Mit Klaus. Gestern habe ich ihn kennengelernt – auf dem Tennisplatz. Wir gehen tanzen, wir reden miteinander...

Der neue Dialog hört sich also folgendermaßen an:

**Er: Gestern habe ich dich angerufen. Um acht. Das hab' ich versprochen.**
**Sie: Du und versprochen! – Wolltest vorbeikommen, direkt nach der Arbeit.**
**Er: Jetzt sei doch nicht so empfindlich. Früher warst du ganz anders. Und nicht so kleinlich...**
**Sie: Ich bin echt sauer. Weil es so oft vorkommt – in letzter Zeit. Seit du diesen neuen Job hast...**
**Er: Tut mir leid. Kann ich das irgendwie wieder gutmachen? Vielleicht mit 'nem kleinen Essen? Danach in die Disco? Und dann ein kleiner Spaziergang – bei Nacht.**
**Sie: Jetzt versuch nicht diese Tour. Du glaubst wohl, du kannst mich um den kleinen Finger wickeln? Nach dem ganzen Theater... Du hast wohl ein schlechtes Gewissen, he? – Mir so die Ohren vollzusäuseln...**
**Er: Gut, wenn du das so siehst... Dann brauchen wir ja überhaupt nicht mehr miteinander zu reden. Keine Angst! Ich werde dich nicht mehr belästigen – mit meinen »Säuseleien«... Ich wollte doch nur...**
**Sie: Das ist auch besser so. Tse! Außerdem habe ich jetzt ein**

Rendezvous. Mit Klaus. Gestern habe ich ihn kennengelernt – auf dem Tennisplatz. Wir gehen tanzen, wir reden miteinander ...

## ÜBUNG 30

Schreiben Sie bitte folgenden schriftliche Text um in eine lockere gesprochene Sprache. Lassen Sie aber bitte keine Information weg.
»Als ich vor Seminarbeginn das Gelände des Medienzentrums betrat, sah ich hinter dem Haus eine Schafherde, worüber ich sehr erstaunt war.«

> **Heute morgen, noch vorm Seminar. Ich komme auf das Gelände des Medienzentrums, schaue hinters Haus ... Was sehe ich da? – Schafe.«**

Die Formulierung »worüber ich sehr erstaunt war« ist unter den Tisch gefallen. Sie steckt nun in der Zeit (Gegenwart statt Vergangenheit) und in der Frage (die man sich selbst stellt).

## ÜBUNG 31

Bitte übersetzen Sie folgenden Text in Schriftsprache: »Stell dir mal vor! Ich stehe unter der Dusche, auf einmal klingelt das Telefon. Ich stürze raus, nehme noch das Handtuch, das blaue, und wie ich den Hörer abhebe – nichts. Eingehängt. Ärgerlich ist doch so etwas! Einfach ärgerlich.«

> **Das Telefon klingelte, als ich unter der Dusche stand, worauf ich, mit dem blauen Handtuch umwickelt, zum Telefon stürzte und den Hörer abhob. Ich ärgerte mich darüber, weil sich niemand meldete.«**

## ÜBUNG 32

Bitte übersetzen Sie folgenden Text in gesprochene Sprache:
»Als ich gestern mit meiner Freundin, die ich schon lange nicht mehr gesehen hatte, gemeinsam in ihrer Wohnung saß und plauderte, da klingelte es an der Haustür, worauf sie öffnete und mit einem Tele-

gramm ihres früheren Freundes in den Händen strahlend zurückkam.«

> »Schon ewig hatten wir uns nicht gesehen – meine Freundin
> und ich. Gestern, wir sitzen in ihrer Wohnung, auf einmal klin-
> gelt es an der Haustür. Sie macht auf, kommt zurück und
> strahlt. In der Hand hatte sie – ein Telegramm. Von ihrem
> früheren Freund.«

## ÜBUNG 33

Im folgenden Satz gibt es kein einziges Komma.
»Der Kanzler sagt Lafontaine ist ein Esel.«
Machen Sie aus diesem Satz

- zuerst eine CDU-Fassung und
- dann eine SPD-Fassung.

Sie dürfen

- kein Wort ändern,
- kein Wort streichen,
- kein Wort hinzufügen,
- nicht die Reihenfolge ändern.

Das einzige »Werkzeug«, das Ihnen zur Verfügung steht: das Komma.

CDU-Fassung: **Der Kanzler sagt, Lafontaine ist ein Esel.**
SPD-Fassung: **Der Kanzler, sagt Lafontaine, ist ein Esel.**

## ÜBUNG 34

Bitte markieren Sie den folgenden Text und lesen Sie ihn mit übertriebener Betonung!

> »<u>Ohne</u> Telefon I sind wir (auf die Dauer) <u>nicht</u> konkurrenzfähig. I
>
> Was nutzt das beste Produkt, I wenn es keinen guten <u>Service</u>
> gibt? I
>
> Und ein wichtiges Medium ist nun mal I die I Sprache. I
> Bei uns: I die gesprochene Sprache, I am <u>Telefon</u>.«

**ÜBUNG 35**

Sie wollen Ihrem Kunden im Rahmen einer Telefonaktion erklären, warum Sie die Skriptentwicklung gesondert berechnen. Ihr Hauptargument ist die Qualität der Anrufe.

Eine Passage des Telefonskripts lautet:

»Der Erfolg einer Telefonaktion steht und fällt mit der Tatsache, daß das Skript nicht monoton gesprochen wird, was wir durch Vermeidung der Schriftsprache und durch eine Qualifizierung unserer Mitarbeiterinnen in der speziellen Telefonrhetorik erreichen.«

Schreiben Sie bitte den Text um in Skriptsprache.

> **»Ein Skript darf nicht monoton gesprochen werden. Davon hängt alles ab. Das heißt: auf keinen Fall Schriftsprache. Und: Ausbildung der Mitarbeiterinnen in Telefonrhetorik.«**

# SCHREIBEN FÜR WERBUNG, PRESSE UND ÖFFENTLICHKEIT

## Sprache und Public Promotion

Man kann bekanntlich nicht nicht-kommunizieren. – Über diesen Satz stolpert man, weil zweimal »nicht« darin vorkommt. Hintereinander. Die Aussage ist aber klar: Auch derjenige kommuniziert, der in einer bestimmten Situation nichts sagt, keine Miene verzieht und ganz ruhig dasitzt. Er drückt damit etwas aus, zum Beispiel, daß ihn alles nichts angeht oder nicht interessiert und daß er nichts sagen will.

Was für den einzelnen gilt, das gilt auch für Institutionen, zum Beispiel für Betriebe. Allerdings setzen diese meistens die Kommunikation bewußt ein – nach innen und nach außen. Meistens! – Bei der Werbung zum Beispiel. Da weiß das Unternehmen ziemlich genau, was es will. Wie aber sieht es in den anderen Bereichen aus?

### Die Grundstruktur der Öffentlichkeitsarbeit

| Kommunikation | Werbung | Public Promotion |
|---|---|---|
| direkte Kommunikation | Print | Pressemeldungen |
| Telefon | Audiovisuell | Pressekonferenzen |
| Telefax | 3 D | Publikationen |
| Korrespondenz | Media-Mix | Sponsoring |

All diese Instrumente prägen das Verhältnis zur Öffentlichkeit. Deshalb sind Öffentlichkeitsarbeit und Public Relations auch die Oberbegriffe für die betriebliche Kommunikation (im engeren Sinne), für die Werbung und für Public Promotion. Eine Reduktion des Begriffes PR auf den dritten Bereich ist schlichtweg Unsinn. Alles ist Öffentlichkeitsarbeit, und alles ist Kommunikation. Auch wenn der Betrieb nicht immer bewußt handelt.

## Deduktiv und systematischer

Es ist einfach erstaunlich, wie selten Unternehmen ihre Konzeptionen und Aktionen deduktiv entwickeln lassen. Der Eklektizismus treibt noch immer seine Blüten. Man tut hier etwas, dann wieder dort etwas, mal reagiert man nur, mal setzt man eine spontane Idee um, dann läßt man sich zu etwas überreden, und letztlich befindet man sich in der Situation eines chinesischen Tellerdrehers, der immer hin und her rennt, damit ja keine Teller auf den Boden fallen.

Unsystematisches Vorgehen allein kann einen schon in die Defensive treiben. Das idealtypische Vorgehen wäre deduktiv, also:

1. Was wollen wir?
2. Was heißt das für die einzelnen Bereiche?

Angenommen, ein Unternehmen stellt fest, daß es ein wesentlich moderneres Image braucht. Das ist ein langwieriger Prozeß, aber irgendwann und irgendwo muß man ja anfangen. Die Geschäftsleitung faßt den Grundsatzbeschluß (modernes Image), dann erst stellt sich die Frage: Was heißt das für die Kommunikation, für die Werbung und für Public Promotion? Was kann das heißen? – Ein paar Beispiele:

a) Der Personalchef organisiert Seminare mit externen Trainern für die einzelnen Kommunikationsbereiche – mit klarer Zielvorgabe (modernes Image). Die Seminarinhalte: moderne Rhetorik, Körper- und Kleidersprache, Telefonrhetorik und moderne Korrespondenz.

b) Die Werbeabteilung beauftragt die Agentur, ein neues Erscheinungsbild zu entwickeln. Dazu könnten gehören: ein neues Signet, neue Geschäftsbriefe und Prospekte, neue Beschriftung der Firmenwagen, andere Hörfunk- und Fernsehspots, andere Messestände und pfiffigere Kampagnen.

c) Die Pressearbeit läuft unkonventioneller: Pressemeldungen nur noch über Fax mit telefonischem Nachhaken; statt einer langweiligen Bilanzpressekonferenz im Hotel gibt es ein Pressefrühstück im Frühling und eine Bootsfahrt mit der Presse im Herbst; die Werkszeitung wird vierfarbig, und das Unternehmen sponsort Rockkonzerte.

Sie müssen eine Einheit bilden: kommunikative Qualifizierung, Werbung und Pressearbeit. Nur wenn wir Public Relations so verstehen, nutzen wir auch alle Möglichkeiten, die »Relationen zum Publikum« zu verbessern. Aus dieser Erkenntnis heraus kann man sogar strukturelle und personelle Konsequenzen ziehen. Warum soll nicht ein Mitglied der Geschäftsleitung zuständig sein für PR? – Dazu gehören dann:

1. Kommunikative Qualifizierung (also ohne Technik, EDV usw.),
2. Werbung,
3. Pressearbeit und Sponsoring.

Für alle drei Bereiche kann es – bei entsprechender Betriebsgröße – eigene Abteilungen geben.

Wichtig bei der PR-Arbeit ist nicht nur die Konsequenz, sondern auch die Öffentlichkeitsarbeit nach innen. Die Mitarbeiterinnen und Mitarbeiter müssen die strukturierte PR tragen, und sie sind äußerst wichtige Multiplikatoren. Sie erzählen abends in der Familie, bei Familienfeiern, in der Kneipe, in

Vereinen, Verbänden und Parteien über die Firma und ihre Produkte und ihre Dienstleistungen. Man identifiziert sie mit dem Betrieb, und sie prägen wesentlich dessen Bild.

## ÜBUNG 36

Die Grundstruktur der Öffentlichkeitsarbeit bezieht sich selbstverständlich nicht nur auf Betriebe.
Ersetzen Sie bitte die eher abstrakten Begriffe des Schemas durch Beispiele aus der Öffentlichkeitsarbeit der Katholischen Kirche.

Der linke »Fensterladen« unseres PR-Triptychons ist zur Zeit noch eher geprägt von Zufälligkeiten. Eine Ausnahme ist die direkte Kommunikation. Dafür geben die Betriebe viel Geld aus – für Rhetorik, Akquisitionstraining, Streßbewältigung, Körpersprache und vieles mehr. Mit den sprachlichen Aspekten der anderen Bereiche haben wir uns bereits auseinandergesetzt, ebenfalls mit dem Texten für die Werbung. Es bleibt jetzt noch der »rechte Fensterladen«: Public Promotion. Da geht es um die bewußte Beeinflussung der öffentlichen Meinung mit den Zielen,

a) Sympathie für das Unternehmen oder die Institution zu gewinnen,
b) Unternehmensziele durch die Öffentlichkeit umzusetzen,
c) indirekt auch für Produkte und Dienstleistungen zu werben.

Wichtig dabei sind die Printmedien, vor allem die Tages- und Wirtschaftszeitungen, aber auch die Fachzeitschriften und die örtlichen Anzeigenblätter. Nicht vergessen sollte man auch die audiovisuellen Medien, also Hörfunk und Fernsehen. Gerade bei Kontakten zum Rundfunk (das ist der Oberbegriff für Hörfunk und Fernsehen) gibt es sehr viele Unsicherheiten in den Pressestellen der Betriebe. Man kann die Informationen nicht so leicht konservieren, aber im Zeitalter von Kassettenrecordern, Videogeräten und Programmzeitschriften dürfte das kein Problem sein, das man nicht bewältigen könnte.

Ein weiterer wichtiger Grund, weshalb viele den Rundfunk vernachlässigen: Da muß man selbst ran! – Man hört die Stimme, man sieht den Menschen, und Korrekturen sind sehr, sehr schwierig. Nicht nur bei Live-Sendungen.

## Umgang mit Medien

»Tatsache ist, daß 95 Prozent aller Nachrichten auf der Welt bekanntlich gesteuert sind. Sie stammen von Parteien, Gewerkschaften, Regierungen, Unternehmen und Verbänden.« – Joachim H. Bürger hat recht: Fast alles, was wir in der Zeitung lesen, wurde bewußt lanciert. Alle wollen »eine gute Presse«, und alle suchen den Kontakt zu den wichtigsten Multiplikatoren überhaupt, zu den Journalisten von Presse, Funk und Fernsehen. Wie soll man da noch trennen zwischen purer Werbung und redaktionellem Bereich?

Die Journalisten haben es oft schwer. Auf deren Schreibtischen stapeln sich die unterschiedlichsten Pressemeldungen. Vieles erscheint nicht, weil der Anlaß belanglos ist, weil die Meldung schlecht geschrieben ist, weil die falsche Redaktion angeschrieben wurde oder weil einige Betriebe den Unterschied zwischen Werbung und Pressearbeit nicht verstehen. Dazu kommen Einladungen zu Pressekonferenzen, bei denen wenig gesagt wird. Meistens von Unternehmen, die Werbung mit imageprägenden Informationen verwechseln.

Ohne professionelle Pressearbeit kommt heute kein Unternehmen mehr aus. Pressemeldungen und Pressekonferenzen müssen ebenso CI-orientiert sein wie Interviews für Zeitungen, Hörfunk und Fernsehen.

## ÜBUNG 37

Welcher der folgenden Anlässe eignet sich Ihrer Meinung nach am ehesten für eine Pressemeldung? Bitte bewerten Sie – wie in der Schule – mit 1 bis 6. Jede Note darf nur einmal vergeben werden.

2
6
1
4
3
5

- Ihr Unternehmen feiert sein zehnjähriges Jubiläum.
- Die Weihnachtsfeier findet diesmal im Mai statt.
- Der Umsatz hat sich im letzten Jahr um 4,5 Prozent erhöht.
- Der Seniorchef feiert seinen 80sten Geburtstag.
- Ihr neues Produkt ist ein großer Erfolg.
- Ihr Außendienstmitarbeiter kauft sich ein Firmenfahrrad.

Die meisten Konzerne haben eigene Presseabteilungen eingerichtet. Sie wissen, was die Presse interessiert. Die zehn klassischen Beispiele:

1. Aktualität
2. Folgenschwere
3. Nähe
4. öffentliche Bedeutung
5. Dramatik
6. Kuriosität
7. Kampf
8. Liebe
9. Gefühl
10. Fortschritt

Dazu kommen die merkwürdigsten Kombinationen, etwa von Krankheit, Geld und Prominenz. Das alles gilt leider nicht nur für die Boulevardpresse. Auch seriöse Zeitungen denken an ihre Anzeigenkunden, und auch das sollte man beachten, wenn man an die Presse geht. Die Presse ist oft ein Medium zwischen uns und den Leserinnen und Lesern. Sie vermittelt Informationen. Von daher muß man die Mentalität der »Endverbraucher« ebenso kennen wie die der Journalistinnen und Journalisten.

## ÜBUNG 38

Journalisten unterscheiden zwischen

a) Information (objektiv),
b) Meinung (subjektiv),
c) Werbung (bezahlt).

Bitte

– untersuchen Sie die Landes- und die Wirtschaftsseite der heutigen Ausgabe Ihrer Tageszeitung nach diesen Kriterien,
– stellen Sie fest, welcher Artikel welchen Interessen dient und
– welche Artikel vermutlich bewußt lanciert wurden.

Das vielleicht wichtigste Instrument der Pressearbeit ist die Pressemeldung. Wie kommt sie zur Presse? – Man läßt sie nicht hinbringen, und man schickt sie nicht mit der Post. Man faxt. Der Grund: Noch immer hat das Fax eine weitaus höhere Wertigkeit als ein Brief. Noch! Ein Journalist mag vor einem halben Kubikmeter Pressemeldungen sitzen. Plötzlich kommt die Sekretärin herein und bringt ein Fax. Er wird es sofort lesen. Denn das Tempo dieses Mediums erinnert uns an das eines Telegramms: »Das muß wichtig sein. Das interessiert mich. Sofort.«
Wie sieht die Pressemeldung aus?

a) Ein eigener Briefkopf mit großem Hinweis: »Pressemeldung« oder »Presseinformation«. Darunter sollte das Datum stehen und die durchlaufende Nummer mit Jahreszahl. Also: 24.08.97, Nr. 6/97.
b) Aus dem Briefkopf muß eindeutig hervorgehen, wer der Ansprechpartner ist, falls es Rückfragen gibt. Mit Telefonnummer. Kein Journalist schreibt gerne Briefe. Das dauert auch viel zu lange. – Der Ansprechpartner muß auch da sein, und er muß auch das Recht haben, sich zu der Angelegenheit zu äußern.
c) Der Text der Pressemeldung: sachlich, informativ und klar

gegliedert. Bitte auf lobende Adjektive verzichten. Nichts schreiben von der »erfolgreichen« Firma mit ihrem »verdienstvollen« Seniorchef, der so »herausragende« Ideen hatte, wie man die »vorzüglichen« Produkte noch besser vermarkten kann. – Das streicht jeder Journalist. Zu recht! Denn für das Selbstlob ist die Anzeigenabteilung zuständig.

d) Die Form der Pressemeldung: so großzügig, wie es geht. Redakteure schreiben sehr gerne in fremden Texten herum. Das ist ihr Job. Dabei sollte man sie auf keinen Fall behindern. Also: Zeilenabstand von eineinhalb Zeilen; zwischen 35 und 40 Anschläge pro Zeile; maximal 30 Zeilen pro Seite.

e) Das allerwichtigste: der Anlaß. Wer eine Pressemeldung schreibt, ist fest davon überzeugt, daß er selbst die allerwichtigste Meldung bringt. Ich habe schon Geschäftsführer erlebt, die sauer waren, weil die von mir getextete Pressemeldung nicht auf der Titelseite erschien. Die lieben Kollegen hatten eben erkannt, daß das neue Dach auf dem Verwaltungsgebäude nicht die Top-News des Tages ist. Also bitte nur wichtige Dinge der Presse mitteilen.

f) Auch das sollte man tun: einfach mal anrufen und fragen, ob das Fax angekommen ist. Und sich bedanken, wenn die Meldung erschienen ist. Merke: Kleine Geschenke erhalten die Freundschaft. Aber: Das schönste Geschenk für einen Journalisten ist die saubere Information. In diesem Punkt sind alle Journalisten bestechlich.

## Dramaturgie einer Pressemeldung

➡ **1. Überschriften**
Am besten gleich drei:

a) die Firma
b) die erste Überschrift
c) die zweite Überschrift

Beispiel:
**Kulturforum Schloß:**[a]
**Das Gespenst spukt wieder.**[b]
**Im neuen Jahr wieder Kinderführungen durch das Schloß.**[c]

a) gibt die Institution an, um die es geht, eventuell mit Ortsangabe.
b) ist eine Überschrift, die aufmerksam machen soll.
c) die zweite Überschrift ist sachlich, sie informiert.

Merke: Der Redakteur macht es doch ganz anders. Aber vielleicht hat er eine Anregung bekommen.

➡ **2. Einstieg**
Um Himmels willen keine Einleitung! – Sofort zur Sache.
Beispiel: Informationen über Ort und Zeit der Schloßführungen für Kinder.

➡ **3. Hauptteil**
Hintergründe mit Fakten: Seit wann gibt es das Schloßgespenst? Wie lange dauert eine Führung? Für welche Altersgruppen?

➡ **4. Bewertung**
Das überläßt man am besten seinen Mitmenschen, etwa einem bekannten Politiker (»wichtig für unsere Stadt«), einer anonymen Grundschullehrerin (»pädagogische sinnvolle Hinführung auf ein kritisches Geschichtsbewußtsein«) oder einem Kind (»echt geil äh«).

➡ **5. Schluß**
Hier kann man zum Beispiel eine Perspektive bringen, etwa: zusätzliche Führungen. Im Idealfall schlagen wir den Bogen zum Anfang: »... denn dann spukt das Schloßgespenst wieder.«

## ÜBUNG 39

Schreiben Sie eine Pressemeldung nach unserem Schema. Der Anlaß: Sie haben vor zehn Jahren ein Software-Haus gegründet. Es feiert nächste Woche Geburtstag. Dabei überreicht der Wissenschaftsminister den Deutschen Software-Preis. Dem Kleinbetrieb ist es nämlich gelungen, einen Übersetzungslaptop in Taschenformat zu entwickeln.

Ab einer gewissen Betriebsgröße sollte man mindestens einmal im Jahr eine Pressekonferenz durchführen. Bitte darauf achten, daß sie nicht zum Modell für einen Loriot-Sketch werden kann. Ich habe bei meiner Tätigkeit schon Bilanz-Pressekonferenzen erlebt, bei denen die verantwortlichen Herren des Unternehmens überhaupt nichts sagen wollten. Der Gewinn ihres Hauses war ihnen peinlich. Und dann diese Anbiederei ... Das mögen Journalisten überhaupt nicht. Sie sind der Wahrheit verpflichtet, sind aber so realistisch zu wissen, daß es immer verschiedene Arten der Wahrheit gibt. Beeinflussungen erreichen das Gegenteil. Drohungen mit eventuellen Verbindungen zur Chefetage der Zeitung erst recht. Auch kleine Aufmerksamkeiten sollten unbedingt einen Bezug zum Unternehmen haben. Es ist nichts dagegen einzuwenden, wenn eine Fleischwarenfabrik den Journalisten ein Fleischpaket mitgibt. Auch nicht, wenn eine Bank einen Jahresplaner mit goldenem Namenszug überreicht. Das alles ist möglich und üblich. Ein Fernseher geht zu weit. Auch eine Reise nach Ibiza. Es sei denn, es handelt sich um ein Reisebüro, das sein neues Angebot vorstellen will.

Eine einfache Checkliste für die Vorbereitung einer Pressekonferenz reicht meistens aus. Alles andere ist übertrieben.

➡ *Anlaß*
Bilanz liegt vor.

➡ *Verteiler*
Tageszeitungen, Wirtschaftspresse, Fachzeitschriften, Anzeigenblätter, Hörfunk und Fernsehen.

➡ *Einladung*
rechtzeitig schriftlich – mit telefonischem Nachhaken. Wer nicht kommt, kriegt eine Pressemeldung über die Pressekonferenz.

➡ *Ort und Zeit*
später Vormittag, eher Wochenanfang

➡ *Dramaturgie*
Pressesprecher beginnt, danach die Experten

➡ *Handouts*
Mappe mit Zahlen. Es soll nicht alles drin stehen, sonst braucht man ja keine Pressekonferenz. Andererseits ist es nicht sehr sinnvoll, wenn der Geschäftsführer sehr viele Zahlen vorliest. Es ist besser, wenn sie schriftlich vorliegen.

➡ *Nachhaken*
Bedanken, daß der Journalist gekommen ist. Fragen, ob er noch etwas braucht, zum Beispiel: Informationen oder Fotos.

Ein guter Hörfunkreporter wird fleißig mitschreiben, aber nach der Pressekonferenz, wenn alle ihre Geschenke bekommen, dann wird er auf den Geschäftsführer zugehen und ihn um ein Interview bitten. Lassen Sie sich bitte nicht von dem Outfit des Multiplikators beeinflussen. Unterbiß, Schuppen, Schwitzen, Jeans, Übergewicht und 23 Lebensjahre ändern nichts an seiner Funktion. Er ist ein Multiplikator, ein wichtiger sogar. Meistens ist er ein Profi, und Sie selbst haben keinen leichten Stand.

---

### Die zehn Gebote bei einem Hörfunk-Interview

1. In keinem Fall auf eine Vorbesprechung drängen.
2. Dem Reporter nicht das Mikrophon aus der Hand nehmen.
3. Nicht ablesen!
4. Den Interviewer mindestens einmal beim Namen nennen.
5. Bei Versprechern: in Ruhe wiederholen.
6. Kurz und knapp formulieren.
7. Auf unterschiedliche Länge der Antworten achten.
8. Genügend Pausen machen (wegen des Schnitts).
9. Auch mal mit der Stimme runtergehen.
10. Mit dem Interviewer reden – nicht mit dem Mikro.

---

Nun könnte man sagen: »Was soll das alles? – Wir haben unsere Kunden; wir verdienen unser Geld; und das geht die Öffentlichkeit nichts an.«

- Was aber macht der traditionsreiche Mineralbrunnen, wenn plötzlich in der Presse steht, daß Mineralwasser Krebs fördere, und ein Journalist steht auf der Matte?
- Was tut ein Handelsunternehmen, dem ein Supermarkt wegen einer defekten Stromleitung über Nacht abbrennt?
- Wie reagiert der Bankdirektor, wenn der Kassenraum plötz-

lich belebt ist von Gangstern, Geißeln und schwerbewaffneten Polizisten?

Die Antwort ist klar: Dann greift unser Plan für die Krisen-PR. Solche Konzepte haben wir in unserer Agentur schon mehrmals entwickelt. Mittlerweile machen wir es aber nur noch, wenn das Unternehmen eine permanente und offensive PR-Arbeit macht. Ist das Kind in den Brunnen gefallen, dann ist es meistens zu spät. Besser: Man sorgt für ein gutes Image. Dann schadet auch eine negative Meldung nichts.

## Was man hat – was man haben sollte

Zur Pressearbeit gehören selbstverständlich auch die eigenen Publikationen. Da bestimmt man den Inhalt selbst, und man prägt das Image des Unternehmens. Man stellt sich vor. Eine Visitenkarte reicht bekanntlich nicht aus. Unsere Kunden wollen es genau wissen: Was macht das Unternehmen? – Kann ich ihm vertrauen? – Welche Tendenzen zeichnen sich ab? – Solche Informationen lassen sich auch mündlich vermitteln. Aber bereits Goethe wußte: »Was man schwarz auf weiß besitzt ...« – Und die Kunden wollen die Informationen mit nach Hause nehmen. Sie wollen in Ruhe nachlesen und prüfen.
Jedes Unternehmen braucht nicht nur schriftliche Informationen über seine Produkte und Dienstleistungen. Es benötigt auch Materialien über den Betrieb. Für beides muß man werben. Die Erfahrung hat gezeigt, daß ein ausgewogenes Verhältnis zwischen konstanten und periodischen Publikationen äußerst sinnvoll ist.
Selbstverständlich gehören zur klassischen Grundausstattung Produktprospekte. Sie zeigen, was man zu bieten hat. Sie erklären die Produkte, informieren über Anwendungen, Kundennutzen und Preise. Ebenso wichtig ist eine kurze und klar strukturierte Selbstdarstellung des Unternehmens. Man will ja schließlich wissen, mit wem man es zu tun hat. Beides sollte

voneinander getrennt sein, denn sehr oft sind die Zielgruppen verschieden. Nicht jeder will sich über das gesamte Unternehmen informieren, und manchmal geht es auch nur um ein Produkt. Mit unnötigen Informationen kann man auch langweilen und von wichtigen Dingen ablenken.

Zu diesen relativ konstanten Publikationen kommen die Periodika. Sie stellen eine kontinuierliche Verbindung zu den Zielgruppen her. Ein wichtiges Instrument ist dabei die Kundenzeitung. Sie wirbt aktuell für die Produkte und Dienstleistungen, und sie schafft ein entsprechendes Umfeld. Allerdings sollte sie mindestens vierteljährlich erscheinen. Und regelmäßig.

Der News-Letter hat eine andere Funktion. Er richtet sich nicht nur an wichtige Kunden und Wunschkunden, sondern auch an Multiplikatoren in Verbänden, Medien und im politischen Leben. Mit einer solchen »kleinen Fachzeitschrift« sichern Sie sich Einfluß in ihrer Branche. Er erscheint mindestens viermal im Jahr, höchstens aber einmal im Monat. Der Umfang sollte nicht größer sein als vier Seiten. Der Außendienst vertreibt ihn bei den Kunden, und die Pressestelle schickt ihn an die Presse an Verbände und sonstige Multiplikatoren, zum Beispiel an Ministerien.

Kleinere Betriebe können selbstverständlich Publikationen zusammenfassen. Wie das geschieht – das ist unter anderem abhängig von der Art der Produkte und der Dienstleistungen, von den Zielgruppen und den Kunden. Selbst bei einem noch so kleinen Kundenkreis empfehlen sich in jedem Fall eine kurze Selbstdarstellung und ein regelmäßig erscheinender News-Letter. Zusammen mit einer vernünftigen Datenbank kann man damit alle wichtigen Zielgruppen ansprechen.

# Wer gibt noch etwas aus?

Es geht ums Sponsoring. Mitte der achtziger Jahre kannten nur ausgebuffte Profis diesen Begriff. Heute geistert er durch Stadtratssitzungen, Kulturämter und durch die Duschkabinen unserer Fußballvereine. Die Wirtschaft soll spenden, und sie will es ja auch. Was sie aber auf keinen Fall sein kann und will: »Ausputzer« für Staat, Land und Kommunen – nach dem Motto: »Wir müssen das Geld kürzen, aber vielleicht gibt es irgendeinen Sponsor, der uns das bezahlt.« – Sponsoring ist mehr als »Geld geben«. Das Projekt muß zum Unternehmen passen, es muß damit verbunden werden, und es muß auch klar sein, daß die Öffentlichkeit von der Unterstützung erfährt.

## ÜBUNG 40

Bewerten Sie folgende Sponsoring-Aktivitäten nach folgenden Kriterien:

- Zielgruppen
- Sympathie
- Effizienz

a) Ein Chemiekonzern, der wegen Giftstoffen ins Gerede gekommen ist, sponsort die Krebsliga.
b) Eine Fleischwarenfabrik unterstützt Jugendfußball.
c) Die Raiffeisenbank Neustadt am Rübenberg sponsort eine Beuys-Ausstellung.
d) Der größte Discounter Europas finanziert ein ÖKO-Camp der Unesco.
e) Eine Moped-Firma sponsort den örtlichen Golfclub.

Sponsoring ist eine »eigene Wissenschaft«. Deshalb will ich am Schluß dieses Buches nur kurz darauf eingehen. Meine Thesen:

- Sponsoring wird immer wichtiger (wegen inflationärer Tendenzen und wegen Verboten in der Werbung, Beispiel: Zigarettenwerbung).
- Sponsoring erfordert immer mehr Professionalität (um es aktiv und CI-orientiert zu gestalten).
- Ganz neue Sponsorfelder werden entdeckt (zum Beispiel in den Medien – etwa für Konzerte).

- Material-Sponsoring verdrängt immer mehr das Geld-Sponsoring (weil man dadurch kaufmännische Fehlleistungen verhindern kann).
- Bald wird es den Begriff »Know-how-Sponsoring« geben (weil man dem Hungernden besser eine Angel gibt als einen Fisch).

Bei all diesen Feldern wird man nicht ohne das geschriebene Wort auskommen. Es wird immer wichtiger. Die Quantität wird vielleicht abnehmen, aber die Anforderungen an qualitativ gutes Schreiben werden steigen – der Bedarf an Professionalität.

Unser kleiner Spaziergang durch einige Anwendungsbereiche professionellen Schreibens hat vielleicht manchem die Angst vor dem leeren Blatt Papier genommen. Das wäre schön. Auch wenn Sie sich in Zukunft beim Schreiben an einige Tricks und Kniffe erinnern. Alles in allem ist dieses Buch eine Bestandsaufnahme. Bekanntlich bleibt nichts, wie es war, und irgendwann heißt es:

**»Weiter im Text.«**

Und das ist gut so.

# Lösungsvorschläge

## ÜBUNG 36

Die Grundstruktur der Öffentlichkeitsarbeit bezieht sich selbstverständlich nicht nur auf Betriebe.
Ersetzen Sie bitte die eher abstrakten Begriffe durch Beispiele aus der Öffentlichkeitsarbeit der Katholischen Kirche.

| Die Grundstruktur der Öffentlichkeitsarbeit | | |
|---|---|---|
| **Kommunikation** | **Werbung** | **Public Promotion** |
| direkte Kommunikation **(Predigt)** | Print **(Heiligenbildchen)** | Pressemeldungen **(der Diözese)** |
| Telefon **(Telefonseelsorge)** | Audiovisuell **(Kirchenfunk)** | Pressekonferenzen **(der Bischofskonferenz)** |
| Telefax **(im Pfarrhaus)** | 3 D **(Stand beim Kirchentag)** | Publikationen **(Kirchenzeitungen)** |
| Korrespondenz **(mit Gemeindemitgliedern)** | Media-Mix **(für Wohltätigkeiten)** | Sponsoring **(für Dritte Welt)** |

## ÜBUNG 37

Welcher der folgenden Anlässe eignet sich Ihrer Meinung nach am ehesten für eine Pressemeldung. Bitte bewerten Sie – wie in der Schule – mit 1 bis 6. Jede Note darf nur einmal vergeben werden.

- Ihr Unternehmen feiert sein zehnjähriges Jubiläum.
- Die Weihnachtsfeier findet diesmal im Mai statt.
- Der Umsatz hat sich im letzten Jahr um 4,5 Prozent erhöht.
- Der Seniorchef feiert seinen 80sten Geburtstag.
- Ihr neues Produkt ist ein großer Erfolg.
- Ihr Außendienstmitarbeiter kauft sich ein Firmenfahrrad.

Wir haben das bei zwei Gruppen getestet:

- in einem Seminar für junge Journalistinnen und Journalisten,
- in einem Seminar für Geschäftsführer.

Die Ergebnisse waren sehr unterschiedlich. Die originellen Meldungen:

**Ihr Außendienstmitarbeiter kauft sich ein Firmenfahrrad.**

**Die Weihnachtsfeier findet diesmal im Mai statt.**

standen bei den Presse-Leuten an erster Stelle, bei den Männern der Wirtschaft am Schluß. Für uns war das ein weiteres Indiz für die gestörte Kommunikation zwischen Wirtschaft und Medien.

## ÜBUNG 38

Journalisten unterscheiden zwischen

a) Information (objektiv)
b) Meinung (subjektiv)
c) Werbung (bezahlt)

Bitte

- untersuchen Sie die Landes- und die Wirtschaftsseite der heutigen Ausgabe Ihrer Zeitung nach diesen Kriterien,
- stellen Sie fest, welcher Artikel welchen Interessen dient und
- welche Artikel vermutlich bewußt lanciert wurden.

Ich kenne Ihre Tageszeitung zwar nicht, aber ich vermute, daß sie in etwa zu folgenden Ergebnissen gekommen sind:

- Objektiv sind die Artikel, subjektiv der Kommentar, und die Werbung erkennt man auf den ersten Blick.
- Fast alle Artikel dienen irgendwelchen Interessen.
- Sehr viele.

## ÜBUNG 39

Schreiben Sie eine Pressemeldung nach unserem Schema. Der Anlaß: Sie haben vor zehn Jahren ein Software-Haus gegründet. Es feiert nächste Woche Geburtstag. Dabei überreicht der Wissenschaftsminister den Deutschen Software-Preis. Dem Kleinbetrieb ist es nämlich gelungen einen Übersetzungslaptop in Taschenformat zu entwickeln.

### 1. Überschriften
Software 2000:
Die Chancen für die Kleinen steigen
Neustädter Unternehmen erhält Deutschen Software-Preis

## 2. Einstieg

Mit Stolz darf Geschäftsführer Dr. Holger Seeberger (34) am kommenden Samstag den Deutschen Software-Preis entgegennehmen.

## 3. Hauptteil

Wissenschaftsminister Prof. Dr. Nohau wird ihn dem erfolgreichen Jungunternehmer persönlich überreichen, zumal er für eine Entwicklung vergeben wird, die mittlerweile selbst im europäischen Ausland beachtet wird.

## 4. Bewertung

»Der Laptop löst den Schlepp-Top ab.« – Mit diesen Worten charakterisierte Dr. Seeberger den neuen Übersetzungscomputer für Französisch und Englisch. Man muß ihn mit der neuen Software nicht »schleppen«, denn er paßt in jede Jackentasche. Das allein war aber nicht der Grund für den Entscheid der Jury. Der mit der Inter-Software des Neustädter Hauses »Software 2000« ausgestattete Laptop erfüllt höchste Anforderungen an Schnelligkeit und Präzision.

## 5. Schluß

Dr. Seeberger will sich nicht auf den Lorbeeren ausruhen. Er plant eine Ausweitung auf die Weltsprachen Russisch, Italienisch und Spanisch. Auch an ein Lernprogramm für Berufsschulen denkt man im Hause »Software 2000«.

Als Pressemeldung sieht der Text folgendermaßen aus:

**Software 2000:**
**Die Chancen für die Kleinen steigen**
**Neustädter Unternehmen erhält Deutschen Software-Preis**

**Mit Stolz darf Geschäftsführer Dr. Holger Seeberger (34) am kommenden Samstag den Deutschen Software-Preis entgegennehmen. Wissenschaftsminister Prof. Dr. Wernher Nohau wird ihn dem erfolgreichen Jungunternehmen persönlich überreichen, zumal er für eine Entwicklung vergeben wird, die mittlerweile selbst im europäischen Ausland beachtet wird.**

**»Der Laptop löst den Schlepp-Top ab.« – Mit diesen Worten charakterisierte Dr. Seeberger den neuen Übersetzungscomputer für Französisch und Englisch.**

**Man muß ihn mit der neuen Software nicht »schleppen«, denn er paßt in jede Jackentasche. Das allein war aber nicht der**

**Grund für den Entscheid der Jury. Der mit der Inter-Software des Neustädter Hauses »Software 2000« ausgestattete Laptop erfüllt höchste Anforderungen an Schnelligkeit und Präzision.**

**Dr. Seeberger will sich nicht auf den Lorbeeren ausruhen. Er plant eine Ausweitung auf die Weltsprachen Russisch, Italienisch und Spanisch. Auch an ein Lernprogramm für Berufsschulen denkt man im Hause »Software 2000«.**

## ÜBUNG 40

Bewerten Sie folgende Sponsoring-Aktivitäten nach folgenden Kriterien:

a) Ein Chemiekonzern, der wegen Giftstoffen ins Gerede gekommen ist, sponsert die Krebsliga.
   - Zielgruppen: Gesundheitsbewußte, Ökologen
   - Sympathie: nicht sehr groß, kann als »schlechtes Gewissen« interpretiert werden
   - Effizienz: fraglich

h) Eine Fleischwarenfabrik unterstützt Jugendfußball.
   - Zielgruppen: kurfristig die Eltern, die Sportfans, langfristig die Kinder
   - Sympathie: sehr groß (wegen Kindern)
   - Effizienz: hoch

c) Die Raiffeisenbank Neustadt am Rübenberg sponsert eine Beuys-Ausstellung.
   - Zielgruppen: Kunstsachverständige
   - Sympathie: bei einer zu kleinen und falschen Zielgruppe
   - Effizienz: gleich Null, höchstens Aufmerksamkeitswert

d) Der größte Discounter Europas finanziert ein ÖKO-Camp der Unesco.
   - Zielgruppen: alle
   - Sympathie: groß (international, unerwartet, toller Partner)
   - Effizienz: groß

e) Eine Moped-Firma sponsert den örtlichen Golfclub.
   (siehe c)

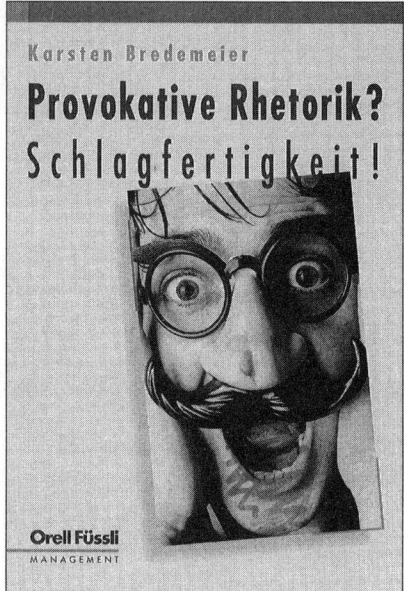